受け継がれる住まい

◉住居の保存と再生法

住総研「[illegible]まい」調査研究委員会［編著］
内田青蔵・小林秀樹・祐成保志・松本暢子

柏書房

はじめに

内田青蔵
（神奈川大学教授）

寿命の短い日本の住宅

現代の日本の住宅と海外住宅を比較して、その違いがよくわかるのが、平均寿命のデータです。一九九六（平成八）年度の建設白書をもとにした早稲田大学の小松幸夫の「建物は何年もつか」によれば、滅失建物の平均寿命はアメリカが四四年、イギリスが七五年であるのに対し、日本は二六年ときわめて短命です。

その理由として、日本の住宅が石やレンガよりも燃えやすい木造であることや住宅の質の問題、あるいは中古住宅の流通市場が未発達であることなどが考えられます。しかしながら、その最たる理由は、建築そのものの価値が、新築当時が最も高く、年代を経るなかで徐々に低くなるという経年減価の考え方が定着していることにあるように思われます。日本の住宅の寿命が短いといっても、建物そのものの寿命が短いのではなく、人為的に所有者や使用者が壊しているのです。そして、こうした、まだ十分に使える住宅を自ら壊して建て直す文化を奨励する考え方の一つが、財務省令による減価償却「耐用年数」の規定にもはっきりとみられるように思います。財務省令による「耐用年数」は、鉄筋コンクリート造の住宅は一九九八（平成一〇）年の改正以降四七年、木造の住宅は二二年とされています。これは、木造住宅は建設後二二年経つとその価値がゼロとなるということを意味します。当然ながら、こうした規定は建物に大きな影響を与え、不動産取引の際、まだ使える建物でも評価額はゼロとして、土地代だけで取引されるということが起こります。そのため、既存の建物の建つ敷地は、取引時に不利となり、使える建物であっても取り壊されることになるのです。こうした動きを、かつては「スクラップ・アンド・ビルド」と称していました。日本の近代化を進め、また、経済大国に成長するにあたっては、この「スクラップ・アンド・ビルド」の考え方が大きな役割を担ってきました。しかし、時代は大きく変わりはじめているのです。

木造住宅も規定の「耐用年数」である二二年を経ると、新品だった住宅も風雪のなかで傷み、見かけも古臭いものとなり、価値がゼロにはならなくとも低下するというのは一見当たり前のようにも思われます。しかし、本当にそうでしょうか。たとえば、住み手がメンテナンスを十分おこないながら大切に使い続けてきた住宅ならば、二二年経ってもその魅力は変わらず、その地域の景観にとってなくてはならないものとなっているようにも思います。また、建築家の作品の場合、その建築家が著名になれば、個性的な作品として価値が上がり、新築以上になることだってあるはずです。あるいは、古い歴史を感じさせる住宅が好きでたまらない人もいるでしょう。そうした人々にとっては、評価額がゼロであっても、古い住宅は価値ある建物なのです。

こう考えてくると、十分使える建物の価値をゼロとする社会、あるいは、使える建物を次々と壊してしまう社会こそ、消費社会のなかで生まれた異常な状態であることがわかります。大げさに言えば、これまでの日本は、住まいを受け継ぐという当たり前のことを忘れた近代病にかかっていたのです。そうした病気は治す必要があります。

古い建物ほど価値があるアメリカの住宅

一四、五年前にアメリカ西海岸のシアトル市で住宅の調査をしたことがあります。そこでみせてもらった資料に、戦前期に建てられた住宅の基本データがありました。建物の竣工年、簡単な平面、床面積と敷地面積、建物と敷地の値段などが記された資料でした。それをみて驚いたのが、年月を経て、建物も土地もともに値段が上がっていることでした。

一般に、日本では時とともに、建物の値段は下がり、大半は土地の値段だけが上がっていくことになります。しかし、アメリカでは、建物の値段も上がっているのです。言い換えれば、建物は古くなればなるほど価値が高くなるということです。それが、アメリカの滅失建物の平均寿命が日本の約一・七倍と長いことの理由の一つなのです。そしてまた、そこには〝古い〟という、〝時〟を経ることによってしか得られない歴史性を重視する姿勢がうかがわれるのです。

「スクラップ・アンド・ビルド」から「キープ・アンド・チェンジ」へ

シアトルの事例をみると、私たちも「耐用年数」に基づいた画一的な経年減価という考え方を見直し、使える建物はメンテナンスをおこないながら、その寿命の限界までしっかり使い切ることをめざすべきです。「スクラップ・アンド・ビルド」に代わる新しい考え方を示す「キープ・アンド・チェンジ」へ、すなわち、建物をできるかぎり使いながら維持し続け（「キープ」）、維持できなければ他者に譲り、あるいは、機能変換して使う（「チェンジ」）という新時代へと移行していくべきなのです。

そのためには、住まいに対する新しい価値観を作り上げていくことが必要です。これまでのように、単に新しいか古いかだけを価値を定める尺度とするのではなく、使い勝手や住み心地、建物自体の使用材料や施工技術、メンテナンスの有無、あるいは、その建物の歴史性や文化性、さらには、地域との関わり（地域性）など、もっと多様な尺度を取り入れた文化度を重視した価値観の創出をめざすべきです。

時代に合わせて使いこなす

〝貴重な価値ある歴史的建造物は、文化財として国が保護しているじゃないか〟と考えている人は多いと思います。確かに国や都道府県が、文化財として歴史的建造物を保存しています。ただ、これまでの文化財行政は、古代から中世の神社仏閣を中心にして、学術性や希少性といった観点を重視して展開されてきました。しかし、その対象が住宅建築となると、学術性や希少性といった観点からだけでは把握しきれず、もっと多様な評価基準が必要です。そうした考えを反映して、一九九六（平成八）年に文化財保護法が改正され、登録有形文化財の制度が新たに施行されました。

この「登録有形文化財」の制度は、住宅の所有者たちの意識を、壊して新築することから古い住宅をできるだけ受け継ぐ方向へと導く強いきっかけとなりました。これまでの指定文化財では取り上げられなかった、より身近で、地域性などの観点から貴重で大切と思われる歴史的建造物が登録され、保存・保護の対象となる予備軍として広く認知されるようになったのです。それに伴い、人々は少しずつですが、自らの住まいや周辺環境に興味をもちはじめ、当たり前のように取り壊して新しく刷新するだけではなく、多くの先人たちがつくり継承してきた歴史を受け継ぐということの意味を模索しはじめたのです。

ただ、〝受け継ぐ〟というと、何となく保守的で後ろ向きな印象を受けるかもしれませんが、歴史的建造物やその集合体としての景観や環境をそのまま冷凍保存していくということを意味しているのではありません。人間社会でも、若者や老人だけの社会よりも、老若男女が入り混じった社会のほうが活発で魅力的なように、住まいも新しいものと古いものが混在しているほうが健全な街の姿なのです。老人でもジーンズを履いてスマートフォンを持ち歩いているように、古い住まいであっても時代に対応して変化するのは当たり前です。古くなったからといって捨て去るのではなく、時代に適合するように住まいや生活を変化させながら使いこなすことを当たり前の社会にしようというのが、〝受け継ぐ〟の意味なのです。

ところで、登録有形文化財も文化財だから、改変は難しいと思われるかもしれません。国の指定する重要文化財や国宝の場合は確かに改変をすることはできませんが、登録有形文化財はオリジナルの外観を重視し、内部に関しては改変が認められています。これは景観を重視した考え方を根底にしているためですが、外観もすべてオリジナルであることまでは求めていません。古い建物を壊すという動きを抑止し、古い建物の良さを受け継ぎながら使い続けることを求め、居住者や所有者の意向を反映できるようにルーズな規定としているのです。ただ、この登録有形文化財制度にもまだまだ問題があります。現状では登録有形文化財となっても、受け継ぐために必要な建物の維持費や修理費は、所有者が負担するのが基本です。そのため、たとえば、祖父から受け継いだ建物を維持したい、居心地の良い空間を受け継ぎたい、あるいは、地域史を伝える建物を護りたい、というように受け継いでいこうとする強い意志があっても、経済的余裕がなければ維持できないのが現状です。それでも、今日、そうしたさまざまな問題と対峙しながら、少しずつですが「受け継がれる住まい」は増えつつあります。

さまざまな継承のかたち

　そうした事例から、第1章では九例を紹介しています。瀬川邸、佐々木邸、旧本多忠次邸は個人邸の登録有形文化財の事例です。瀬川邸と佐々木邸は、所有者が先代から引き継いだ建物を未来に伝えたいと、自らの手でいろいろ工夫しながら維持・管理しています。その工夫とは、瀬川邸は会社所有とし経済的負担の軽減化を図っていますし、佐々木邸はその維持のために親族の方々や地域の人々とともにNPO法人化をめざしています。一方、旧本多邸は、敷地の売却に伴い取り壊しが決定していたにもかかわらず、地域住民や建築家たちが保存を求めた結果、残されたものです。現地はすでに売却後でしたが、地域の人々の意向を受け、所有者自ら解体資金を用意して故郷の愛知県岡崎市に建物を寄贈したもので、近年、岡崎市の手で再建されました。地域住民や建築家の熱意が所有者を動かし、保存された住宅事例といえます。

　また、旧鈴木成文邸は豊島区指定文化財、旧安田楠雄邸は東京都指定文化財です。ともに所有者が自ら建物の保存をめざし、旧鈴木邸はわが国のフランス文学の泰斗《たいと》鈴木信太郎の旧宅として豊島区に寄贈、旧安田邸は戦前期の千駄木《せんだぎ》の貴重なお屋敷の事例として日本ナショナルトラストに寄贈、という方法を採り、それぞれ文化財指定を受けました。価値が高くとも、人件費や維持費の問題から寄贈を引き受けてくれる公共団体が少ないなかで、所有者の高い意識、住まいの明快な価値、寄贈先の存在、という三つの要素が幸運にも重なったことにより保存ができた事例といえます。

　一方、豊崎長屋《とよさきながや》（登録有形文化財）、上野桜木あたり、求道学舎《きゅうどうがくしゃ》の三例は、古い建物の外観を残しつつも、その内部の間取りやインテリアデザインを中心に現代生活に適応すべく手を加え、また、用途も店舗に替えて再生するなど、古い建築を継承することをめざしながらも、実際に現代の住まいや店舗として使うことを重視した事例です。創建時の姿をそのまま残すということは、指定文化財では必要不可欠なことですが、現代生活の場として使いながら伝統的生活や周辺環境を受け継ぐことをめざす場合は、こうした外観を残しつつ内部に手を加えるといった緩やかな改変が求められます。多くの住宅の場合、生活の場として使うわけですから、古さを生かした緩やかな改変という方法が今後ますます求められると思います。

なお、伊藤邸（旧園田高弘邸）は、著名な建築家による作品の事例です。芸術作品でもあり、所有者は内外ともに創建時の姿を残しながら受け継いでくれる人を探し、そうした継承者に渡った事例です。中古住宅を対象とした、芸術作品のオークションのようなものの必要性を考えさせる事例でもあるのです。

新たなシステムづくりへ

戦前・戦後と続けられてきた「スクラップ・アンド・ビルド」を脱却し、新しい時代の考え方を示す「キープ・アンド・チェンジ」へ向かう機運は高まりつつあります。性急な近代化のなかで失いかけていた、私たちの祖先がつくり、そして、維持してきた住まいや生活を再評価し、その独自の生活文化を受け継いでいこうという動きが増えているのです。

ただ、先代の残した建物や生活を維持しようとしても、社会的・経済的な制約もあり、簡単なことではありません。その意味では、個人の努力だけでは維持することが難しい状況にあります。現代生活に適合するような改修は自前でおこなえたとしても、そうした暮らしぶりや住まいを世代を超えて受け継いでいくことは至難のことです。言い換えれば、新しい時代を表すキーワード「キープ・アンド・チェンジ」の「チェンジ」のための方策が求められます。

たとえば、経済的問題や遺産相続や後継者の問題などにより、伝統的な価値ある住まいを残したいができないといった問題を解消するために、新たなシステムづくりが早急に求められます。中古住宅を流通させる市場開発もその一つの方法といえるでしょう。また、養子縁組で住まいを受け継ぐようなシステムも考えるべきかもしれません。

いずれにせよ、「キープ・アンド・チェンジ」を実践・普及させるためには、経済合理性とは違う文化度を重視した価値観をもつことが必要です。そのためには、伝統的な住まいや生活の良さを継承することの意識を育むための地道な教育も重要な役割を担うのです。本書が、少しでもお役に立つことを願っています。

［目次］

［目次］

凡例　本文中の〔　〕は編集部注です。

第1章

住まいを受け継ぐ達人たち
――継承するための多様な試み

【書斎1階】 天井まで届く書架や暖炉など洋風の意匠が特徴的。この部分は空襲時にも損傷しなかった。写真の人物は鈴木成文氏（撮影：堀部大貴）

【書斎外観】現在の外観は1976年の改修時に整えられたもの。ただし、唐破風（からはふ）状にカーブする特徴的な瓦葺の小庇などは1928年当初の形状と一致（撮影：光井渉）

旧鈴木成文邸（鈴木信太郎旧宅）

光井渉（東京芸術大学教授）

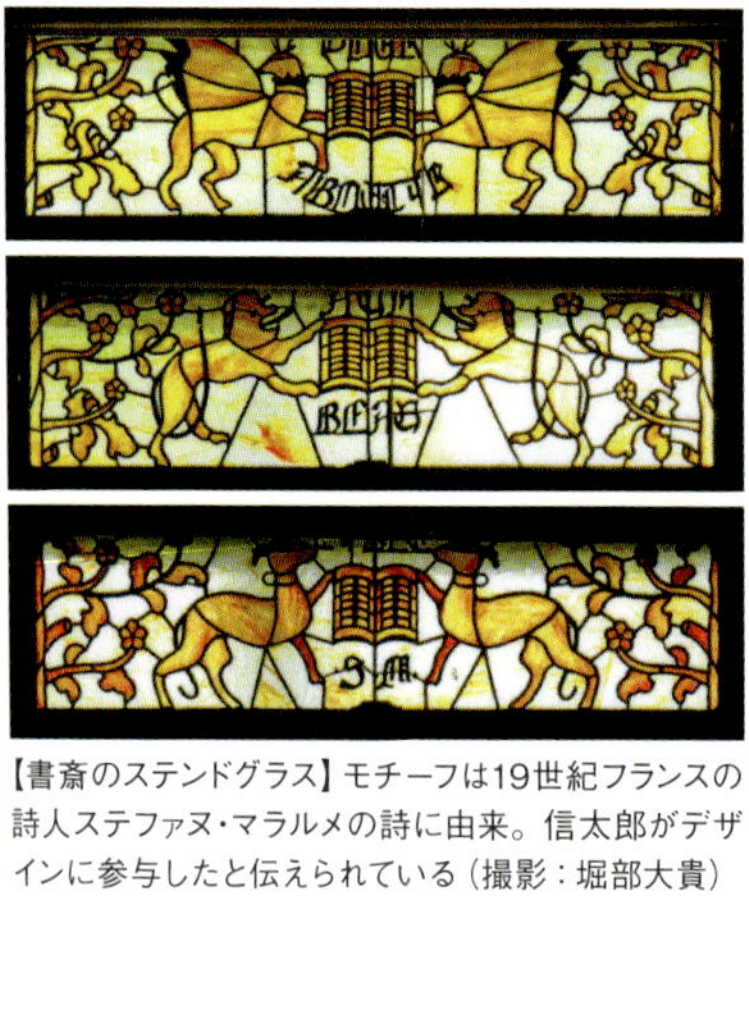

【書斎のステンドグラス】モチーフは19世紀フランスの詩人ステファヌ・マラルメの詩に由来。信太郎がデザインに参与したと伝えられている（撮影：堀部大貴）

仏文学者の鈴木信太郎（1895-1970）とその息子である建築学者の鈴木成文（1927-2010）が暮らした東京近郊の住まい。昭和初期以降に新築・移築・改修された計３棟の建築から構成される。このうち最も古いものが1928年の書斎で、貴重書を留学先の欧州から日本へ送る際に船火事で失った信太郎が、耐火性能を重視して当時珍しかった鉄筋コンクリート造で建設した。書斎は1931年の２階増築ののち、1945年４月の空襲で大きな被害を受けながらも改修を繰り返して使用された。1946年の茶の間およびホールは、戦後の建築統制のなかで建設された日常生活のための狭小建築、1948年に埼玉県春日部市から移築された座敷は書院造の伝統的な建築である。

【座敷】　座敷は床の間8畳と次の間6畳の2室に縁側をめぐらす間取りを基本としており、床・棚・天袋・地袋・棹縁天井など典型的な書院造の意匠を完備（撮影：堀部大貴）

【茶の間】内法長押（うちのりなげし）や棹縁天井あるいは障子付ガラス戸など純日本風の6畳間。終戦後の窮乏期にかかわらず、太い柱や上質な仕上がりの板扉等に特徴がある（撮影：堀部大貴）

所在地	東京都豊島区
竣工	書斎1階：1928年 ／ 書斎2階：1931年 ／ 座敷：1890年頃（1948年移築） ／ 茶の間およびホール：1946年
構造	書斎1階：鉄筋コンクリート ／ 書斎2階：鉄骨造 ／ 座敷：木造 ／ 茶の間およびホール：木造
設計者	書斎：大塚泰・粟谷鶉二 ／ 座敷：不詳 ／ 茶の間およびホール：粟谷鶉二
主要用途	住宅 → 一般利用
所有者	鈴木家 → 豊島区
敷地面積	595.04㎡
延床面積	296.46㎡
文化財指定	豊島区指定有形文化財
改修時期	1931年・1946年・1948年・1956年・1965年・1976年

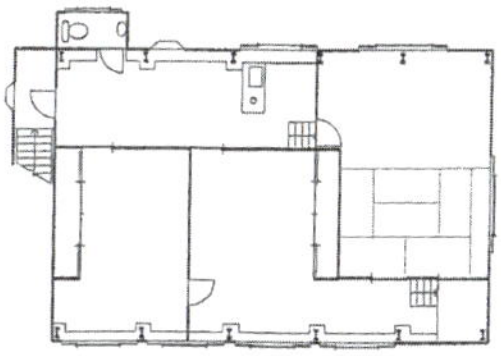

書斎2階

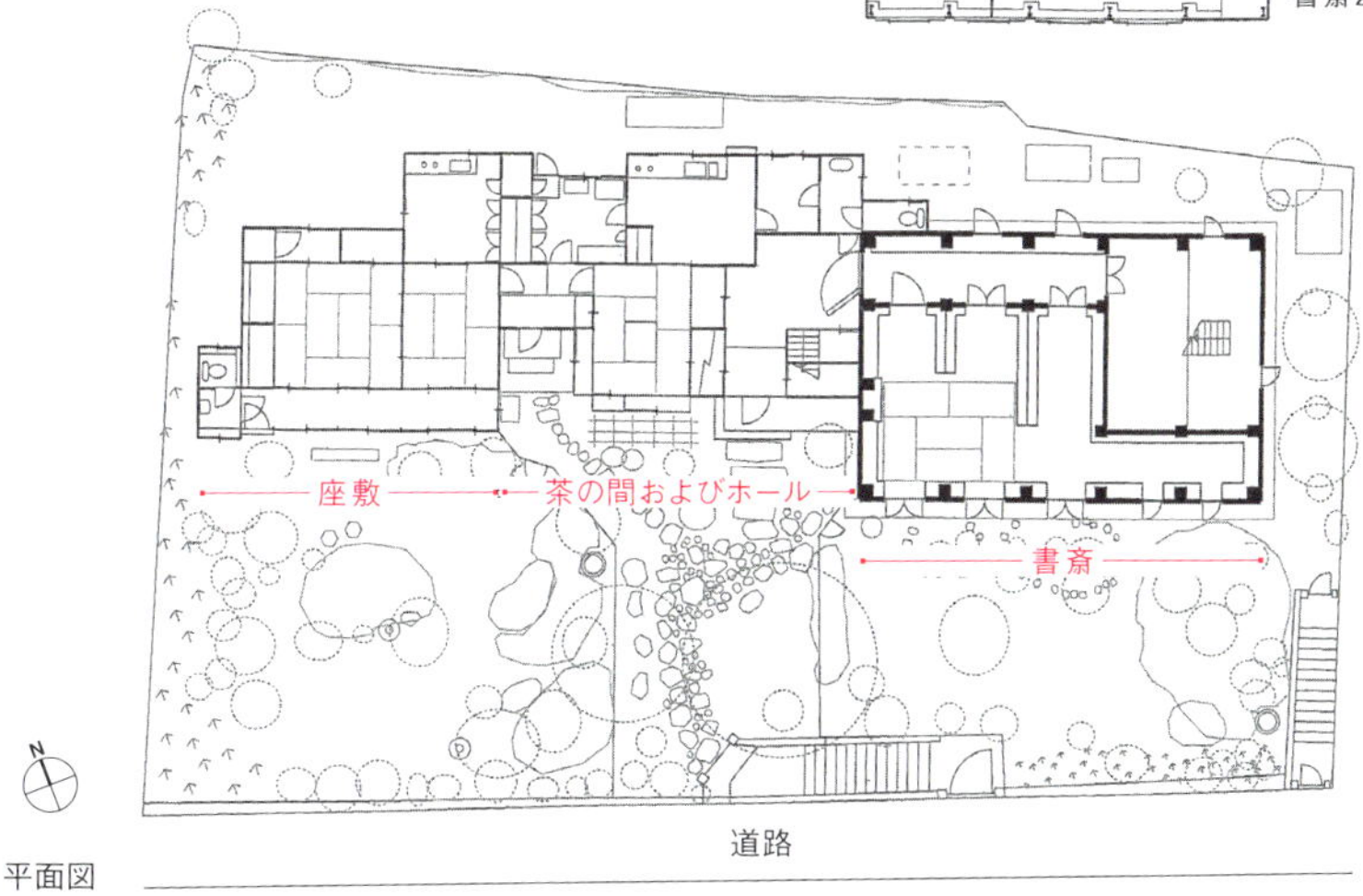

平面図

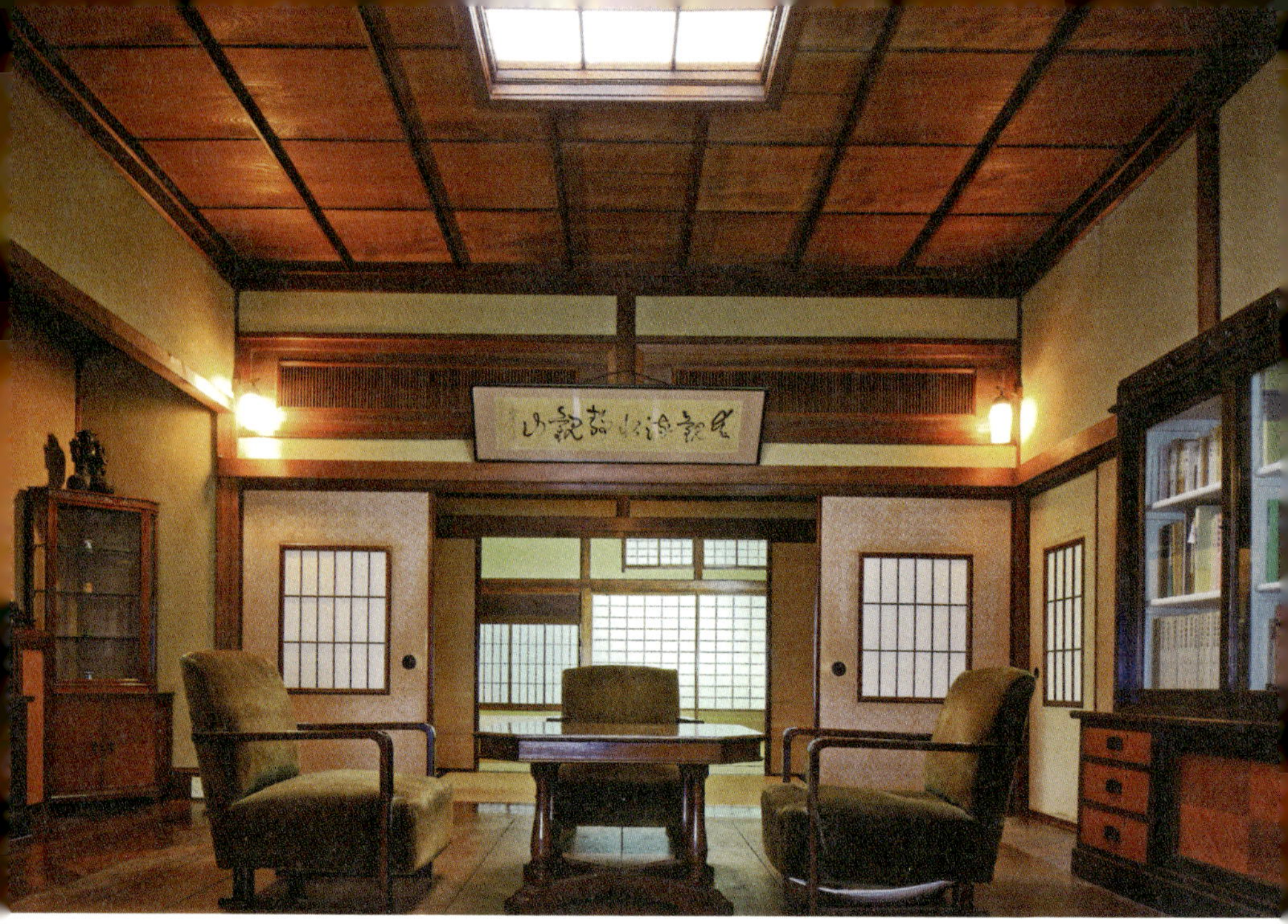

応接間（撮影：清水襄）

瀬川邸

瀬川昌輝（昌平不動産総合研究所代表取締役）

大玄関（撮影：清水襄）

1894年頃より土木学者・古市公威（ふるいちこうい）が住み、関東大震災後、長女喜子と婿で医学博士の瀬川昌世が継承した。能楽を趣味とした古市が能を演じるために応接間に設けた敷舞台、そして、瀬川家によって昭和時代に整備された茶室、苔庭が見事である。代々の持ち主の好みにより、家も少しずつ様相を変えた。1984年、瀬川家はこの建物を残すことを決意し、敷地の一部を借地してビルを建設し、維持費用を捻出することにした。その後、現在は、昌平不動産総合研究所の所有となり、事務所を邸内に移して業務をおこないながら、維持管理がなされている。2003年には国登録有形文化財に指定された。

※本項の写真および平面図はすべて文京ふるさと歴史館編『受け継がれた住まい―今に生きる文京の近代建築』（文京区、2013年）より転載。

仏間より一指庵水屋をみる（撮影：清水襄）

大広間前の広縁（撮影：清水襄）

大広間より中六畳、応接間をみる
（撮影：清水襄）

所在地	東京都文京区
竣工	明治20年代頃
構造	木造2階建
主要用途	住宅 → 一般利用、管理事務所
所有者	古市家 → 瀬川家 → 昌平不動産総合研究所
延床面積	270㎡
文化財指定	国登録有形文化財
改修時期 （増築・修復）	昭和初期改築（仏間・茶室・蔵・玄関・2階） 1959年頃庭園工事・茶室増築 ／1984年一部解体

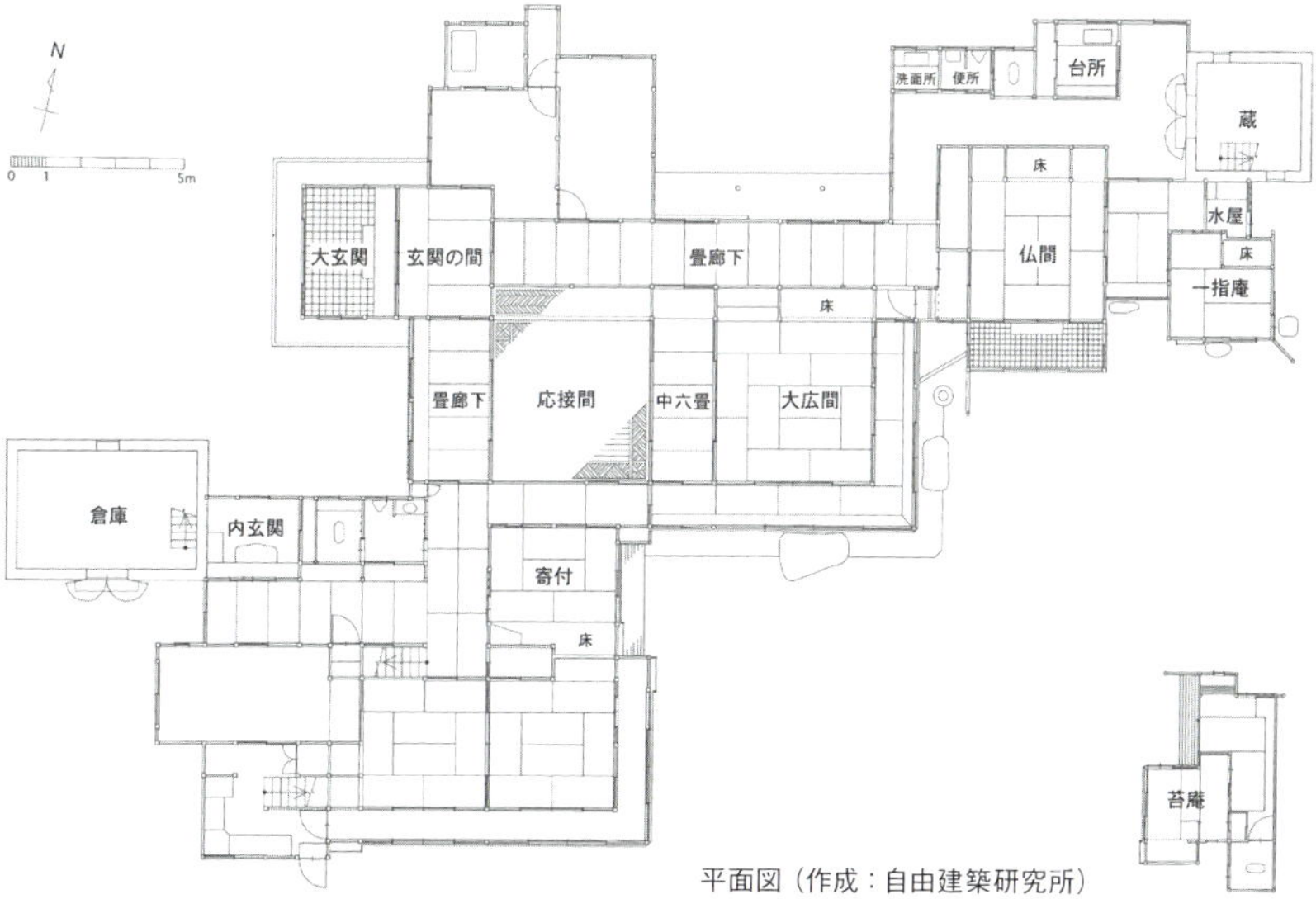

平面図（作成：自由建築研究所）

庭からみた南側外観（撮影：古川泰造）

佐々木邸 同潤会江古田木造分譲住宅

能登路雅子（佐々木邸保存会代表）

庭からみた縁側と増築部分（撮影：古川泰造）

祖父母の代から大切に住み続け、親族一同が愛着を抱いてきたこの家を保存しようという発想が生まれたのは、住宅史の専門家にみていただいた2006年以降のことである。見学会を通じて、さらに多くの建築関係者や市民の眼に触れ、昭和初期の庭つき木造分譲住宅の原型、郊外の中流家庭やコミュニティの暮らしを伝える歴史空間としての価値が段々と認められてきたことが、保存への大きな推進力となった。2011年には長期的な保存方法について家族、専門家、地域の方々をまじえて多角的に考えるために旧同潤会江古田分譲住宅佐々木邸保存会を立ち上げ、その後はNPO法人化によって、より本格的な保存活用と次世代への継承をめざしている。

※協力：公益財団法人ギャラリーエークワッド

玄関（撮影：古川泰造）

客間８畳（撮影：古川泰造）

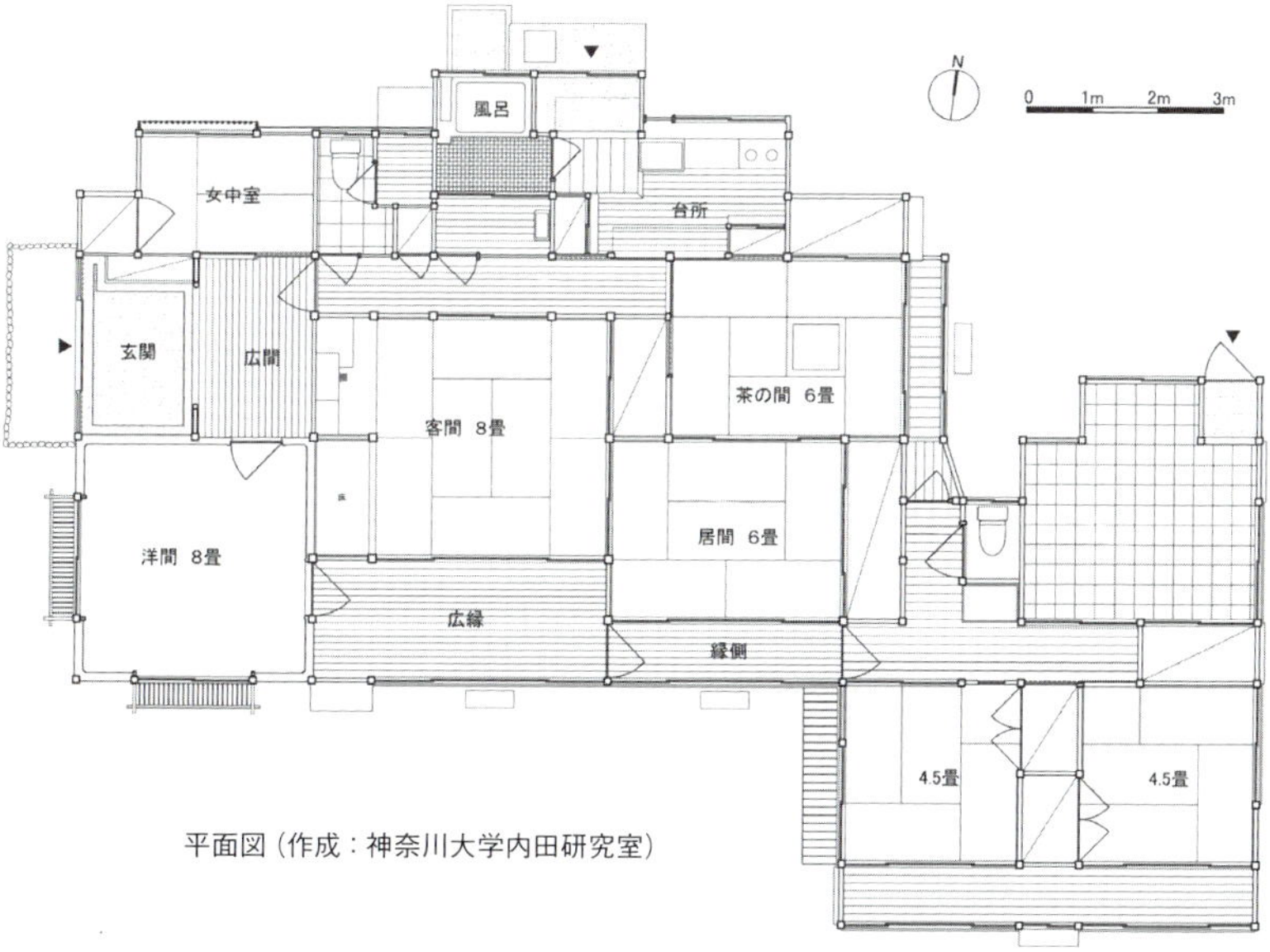

平面図（作成：神奈川大学内田研究室）

洋間側からみた広縁
（撮影：古川泰造）

応接室兼書斎として使用された洋間
（撮影：古川泰造）

所在地	東京都練馬区
竣工	1934年
構造	木造平屋
設計者	同潤会
主要用途	住宅
所有者	佐々木家
敷地面積	485.32㎡
住戸面積	103.70㎡
文化財指定	国登録有形文化財
改修時期	1935年・1973年・2012年・2016年

【中央棟 主庭からの外観】 建物が雁行型に配置されている（撮影：小野吉彦）

旧安田楠雄邸

伊郷吉信（自由建築研究所代表、日本大学生産工学部講師）

【2階客間書院】花狭間（はなざま）の書院欄間が美しい（撮影：小野吉彦）

1919年藤田好三郎により建てられ、関東大震災直後、安田財閥の安田善次郎の娘婿安田善四郎が購入した。1995年に所有する安田楠雄が亡くなり、市民団体「たてもの応援団」の橋渡しで（公財）日本ナショナルトラストの所有となった。楠雄の妻安田幸子さんは「どうぞ皆様で使ってください」と広大な土地建物を寄贈された。民間の免税団体への寄贈例は少なく、歴史的建造物保存の一方法と評価される。現在、管理委託を受け「たてもの応援団」により公開がなされており、市民が運動し、残した後も運営管理をおこなう市民主導型の保存がなされている。山手の上流階層の生活を今日に伝え、日本家屋の良さを五感で体感することができる。

暖炉のある唯一の洋間。カーペットは復原された（撮影：小野吉彦）

大きな沓脱石（くつぬぎいし）に式台、舞良戸（まいらど）のある格式高い玄関（撮影：小野吉彦）

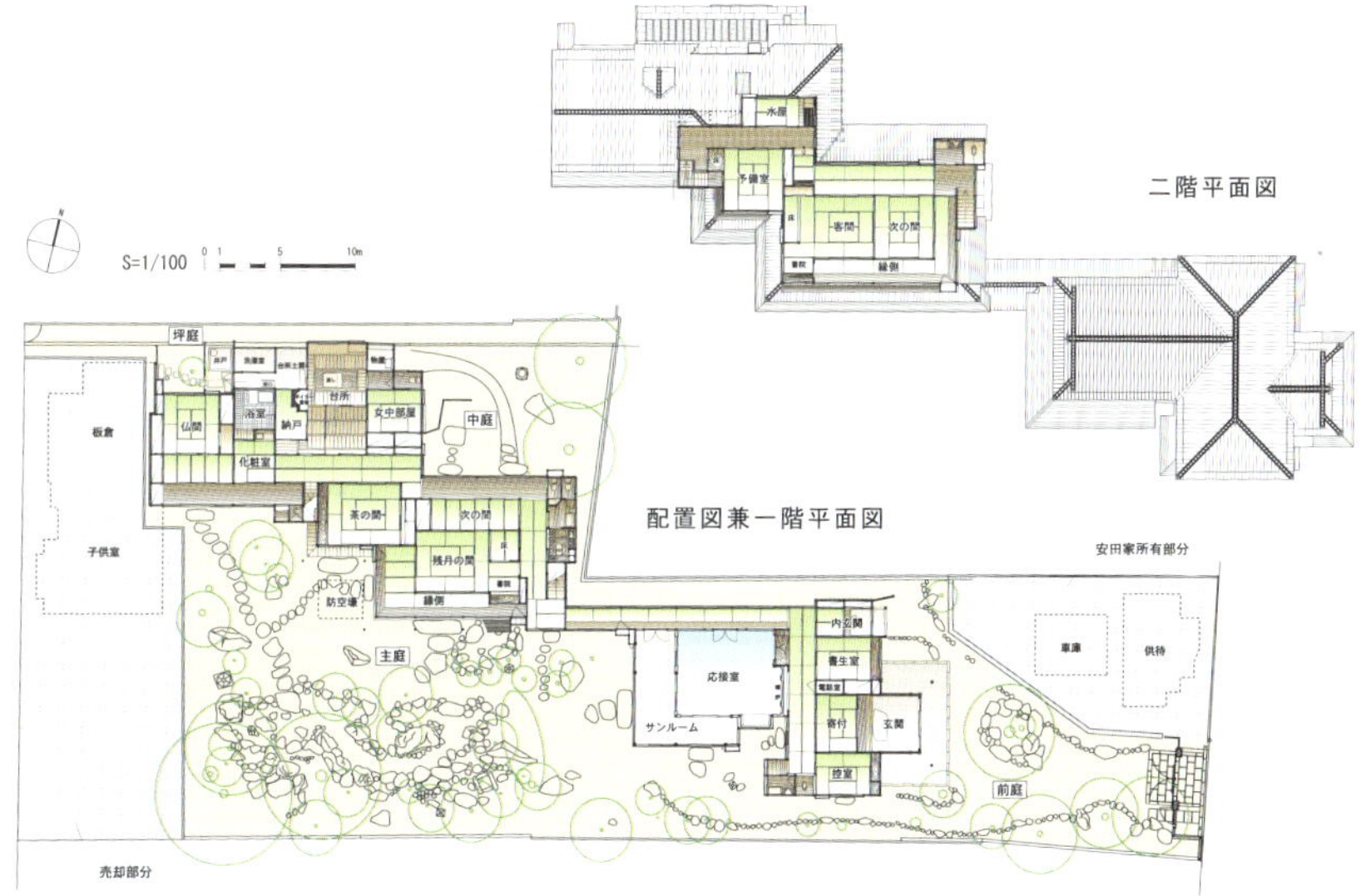

平面図

1階残月の間の床と書院。ガラス越しに庭がよく見える（撮影：小野吉彦）

所在地	東京都文京区
竣工	1919年
構造	木造2階建
設計者	合資会社清水組設計部（現清水建設株式会社）
主要用途	住宅 → 一般公開
所有者	藤田家 → 安田家 → 公益財団法人日本ナショナルトラスト
敷地面積	1486.03㎡
延床面積	598.39㎡
文化財指定	東京都指定名勝
資金提供	所有者（公益財団法人日本ナショナルトラスト）負担、東京都および文京区補助、その他、個人篤志家
改修時期	平成15年度～平成17年度：建築修理工事、平成22年度～平成25年度：庭園修理工事

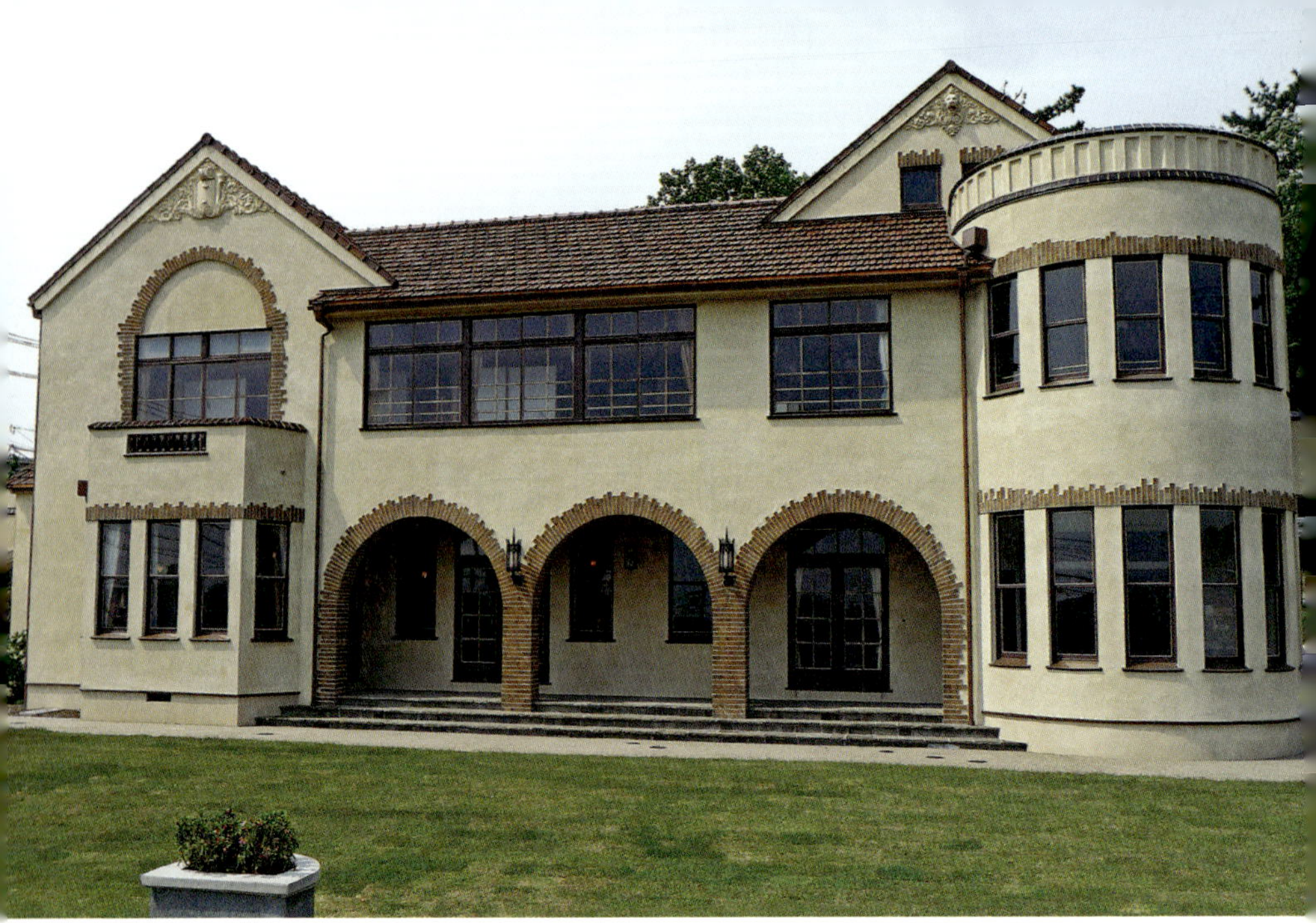

南側外観で、3連アーチのベランダを挟み、両側にベイウインドウが並ぶ。アーチの縁飾りはスクラッチタイル
（撮影：内田青蔵）

旧本多忠次邸

内田青蔵（神奈川大学教授）

団らん室（撮影：内田青蔵）

東京・世田谷の歴史的住宅の遺構調査をおこなっていた建築家グループから、昭和初期の住宅の取り壊し前の見学会の案内をいただいた。拝見したときは大変驚いた。傷みはあったが、建物も家具調度類も創建時のものが維持され、また、建築図面や施主の建設経緯を示すメモや支払い関係書類もしっかり残っていたからだ。何とか保存できないかとの思いから、すぐさま発見者たちと調査団を結成し、実測を中心とする調査をおこなった。その一方で、敷地は売却されていたこともあって、区や関連機関に声をかけながら移築の受け入れ先を探した。藁にもすがる思いで施主の出身地の岡崎市にも声をかけると、引き受けたいという返事が届いた。ただ、解体移築の予算はないとのこと。また新たな問題に直面してしまった。その際、所有者から「皆さんがそんなに大切と思ってくれるのがうれしい。解体費を負担しましょう」とのご返事。復原された本多邸を訪ねると、いただいたご返事がいまでもよみがえる。

チューダー・アーチが採用されている玄関の車寄せ（撮影：内田青蔵）

玄関ホールの正面に階段が置かれた。手摺子はスチール製（撮影:内田青蔵）

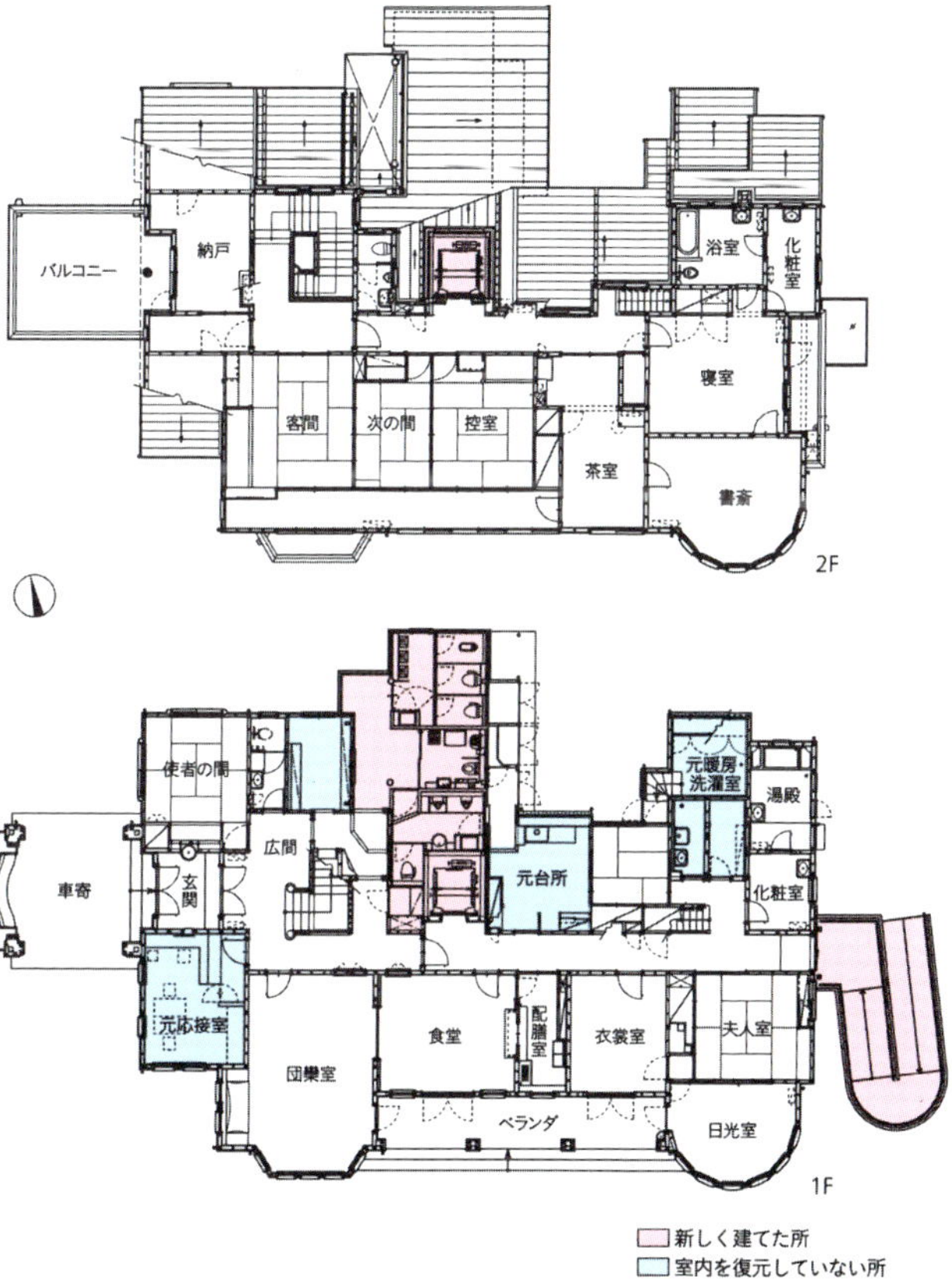

移築後平面図（作成：伝統技法研究会）

床の間を中心に違い棚と附け書院を配した格式の高い座敷。壁は銀孔雀と呼ばれる鉄鉱石の屑を混ぜた砂壁。違い棚は反りを防ぐために合板に楓の突板を張ったもの（撮影:内田青蔵）

所在地	東京都世田谷区 →愛知県岡崎市
竣工	1932年
構造	木造2階建一部鉄骨造
設計者	白鳳社、 復原・改修：伝統技法研究会
主要用途	住宅→一般公開
所有者	本多家→岡崎市
敷地面積	当時7100㎡ 現在2280㎡
延床面積	522㎡
資金提供	所有者および岡崎市
文化財指定	登録有形文化財
改修時期	2012年

豊崎長屋を上空からみる。主屋を取り囲むように６棟の長屋が建つ

日々の交流がここでみられる（撮影：絹巻豊）

豊崎長屋

小池志保子（大阪市立大学准教授）

南長屋の２階の様子（撮影：絹巻豊）

明治・大正時代に建てられた大阪の近代長屋を住み継いでいこうとする取り組みである。大阪の都心部の梅田から歩いて10分の場所に主屋を囲むようにして６棟20戸の長屋が立ち並び、その間を地道の路地が通っている。大阪には長屋に暮らす文化があり、これは江戸時代から続くものである。しかし、老朽化や防災性の低さから、長屋が次々と取り壊されている。そこで、住まう場所としての大阪長屋を保存・活用していこうと、長屋所有者、大学、住人、専門家が協力して取り組んできた。大阪長屋の伝統や特徴を尊重すること、耐震補強すること、現代の住まいとして活用することを柱とし、現在もプロジェクトは継続中である。

北終長屋の1階。さをり織りの教室として使われている（撮影:絹巻豊）

東長屋の前庭からみる。室内に設けられた耐震リブフレームがみえている（撮影：絹巻豊）

所在地	大阪市北区
竣工	1897年～1925年
構造	木造２階建
設計者	既存：不明 改修企画：谷直樹・竹原義二 改修設計：竹原義二・小池志保子
主要用途	賃貸住宅（20戸のうち、10戸を改修）
所有者	土地・建物：個人
敷地面積	1457㎡
住戸面積	39.94 ～ 86.63m^2
文化財指定	登録有形文化財
資金提供	大阪市立大学都市研究プラザ研究費
改修時期	2008 年 5 月～ 2012 年 3 月

西長屋。改修に伴って、出格子を復原した（撮影:絹巻豊）

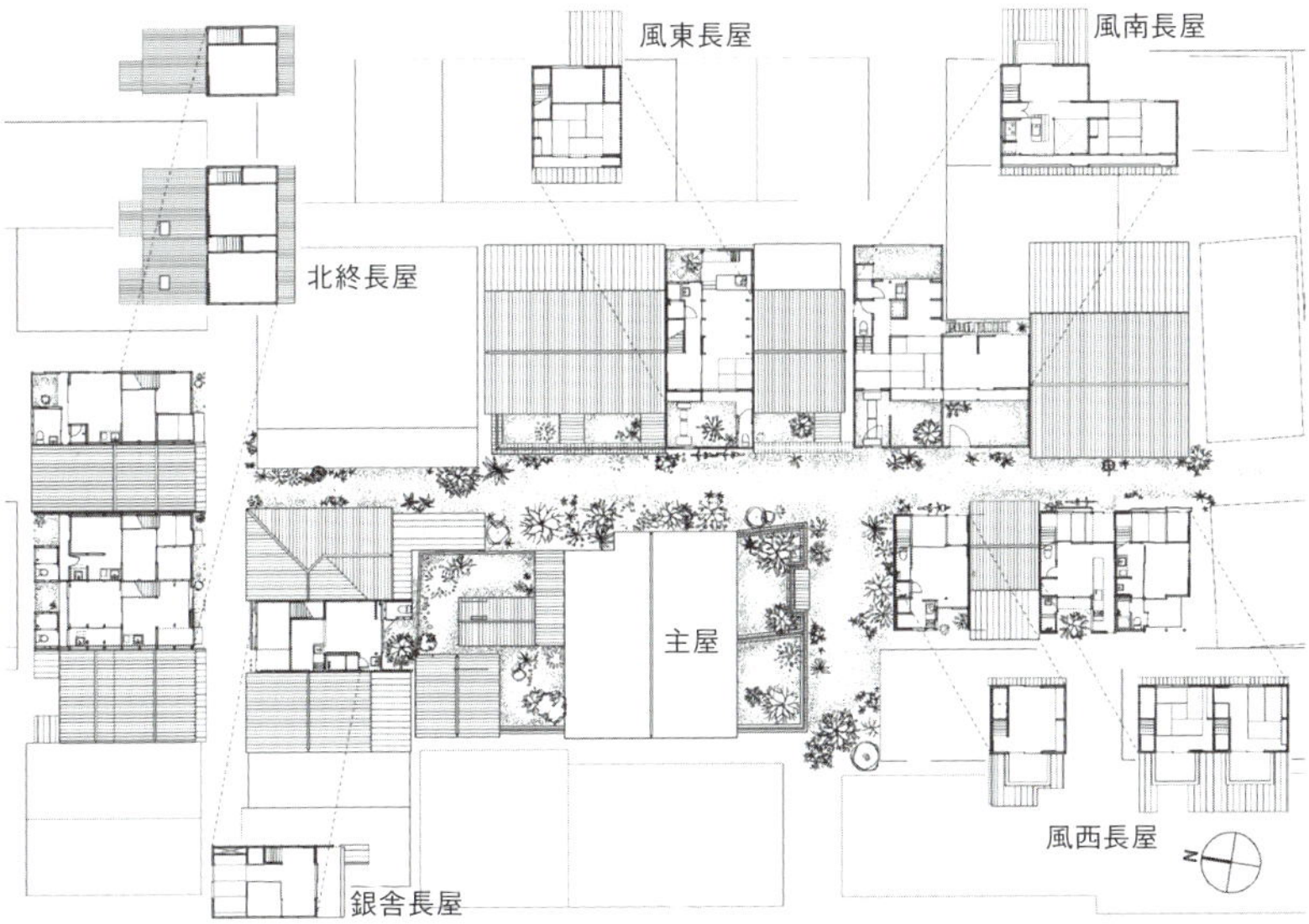

全体配置図

みんなのマルシェ開催中の路地と「あたり 1」前景

上野桜木あたり

椎原晶子（NPO法人たいとう歴史都市研究会副理事長）

昭和の雰囲気の残る建物群を再生。
あたり2（右）とあたり3（左）

「上野桜木あたり」は、日本橋に明治期創業の塚越商事が、明治からの屋敷町・上野桜木に昭和初期に建てた3軒家を店舗、住居、事務所、コミュニティスペースとして2015年に再生した複合施設。和室と洋室と庭を備えた昭和初期の住宅3棟はしばらく空き家になっていたが、建物の由来や特徴、地域とのつながりを大事にしたい入居者を先に募って決めてから再生事業を開始した。貸しスペース「みんなのざしき・ろじ」や中庭と井戸が店舗や住居とまちをつないで、大人や子ども、近所の人も外国人旅行者も一緒に楽しみ交流できる場になっている。地方の食や文化を紹介するマルシェも折々おこない、東京と地方を結ぶ拠点ともなる。「地域活性化の取り組み」として、2015年度グッドデザイン賞受賞。

貸しコミュニティスペース「みんなのざしき」

中庭が店をつなぐ

みんなのろじ「谷中のいなかマルシェ」

路地に新設した懐かしい井戸に
人が集う

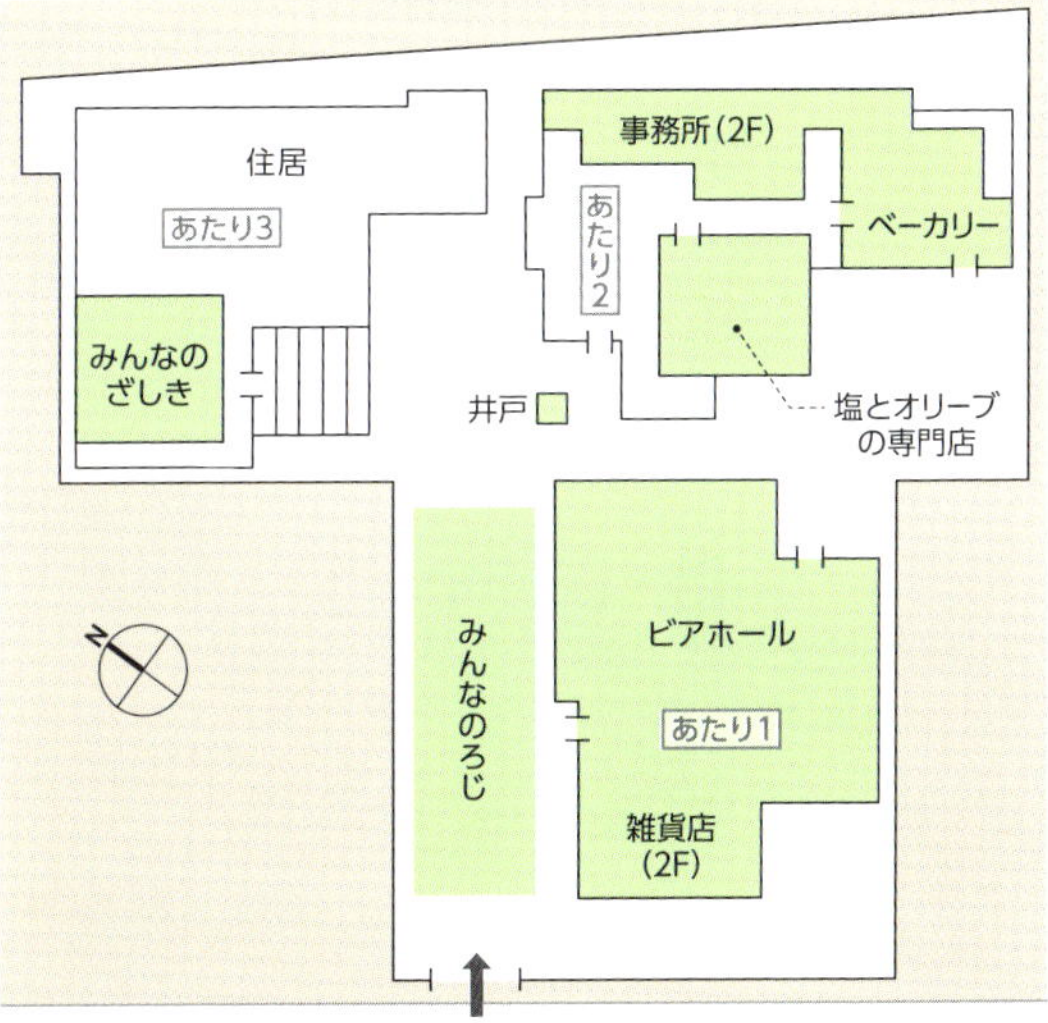

配置図

所在地	東京都台東区
竣工	1938年
構造	木造2階建 3棟
設計者	当初設計者不明
事業主	塚越商事株式会社
改修企画・設計・管理	企画・管理運営：NPO 法人たいとう歴史都市研究会、 改修設計監理：kurashiffon瀧内未来一級建築士事務所、 建物保存修復計画：小林直弘（東京芸術大学）、 造園外構設計：安西デザインスタジオ、 建築施工：浩企画住宅、造園施工：ビッグアイランド
主要用途	住宅 → 住宅、店舗、事務所、貸しコミュニティスペース
所有者	塚越商事株式会社
敷地面積	409.07㎡
延床面積	1号棟 113.06㎡、2号棟 150.64㎡、3号棟 138.05㎡
資金	基本工事、外構工事：オーナー負担、店舗内部：テナント負担
改修時期	2015年

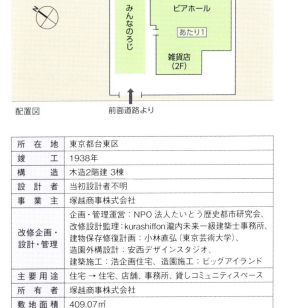

【旧園田高弘邸・居間】 東から西をみる（撮影：齋藤さだむ）

伊藤邸（旧園田高弘邸）

木下壽子（一般社団法人住宅遺産トラスト）

【旧園田高弘邸外観】 南側（撮影：齋藤さだむ）

園田高弘が26歳のとき、当時46歳の吉村順三に設計を依頼し、春子夫人の実家の庭先に1955年に建築された木造2階建、延床面積77㎡の小住宅である。園田はドイツを拠点にヨーロッパで活躍した国際的なピアニストで、その後、演奏活動の拠点を日本に移す際、吉村順三の弟子である小川洋に設計を依頼し、1987年に増築部分が完成した。現在は、園田家からこの住宅をこよなく愛する伊藤氏へと継承され、園田邸の継承をきっかけに設立された一般社団法人住宅遺産トラストが、所有者の理解を得て建築の保全と活用に関わっている。これまで20回以上にわたり、ピアノを中心とする演奏会と建築トークから構成される「音楽と建築の響き合う集い」を開催している。

【旧園田高弘邸・居間】北から南をみる
（撮影：齋藤さだむ）

「音楽と建築の響き合う集い」（撮影：齋藤さだむ）

園田夫人（左）から伊藤氏（右）へ 感謝の集い

所　在　地	東京都目黒区
竣　　　工	既存部分：1955年　増築部分：1987年
構　　　造	既存部分：木造2階建／ 増築部分：木造２階建（一部地下RC造）
設　計　者	既存部分：吉村順三／増築部分：小川洋
主 要 用 途	住居
所　有　者	園田家 → 伊藤家
敷 地 面 積	486.77㎡
延 床 面 積	既存部分：77㎡／増築部分：306㎡
文化財指定	登録有形文化財

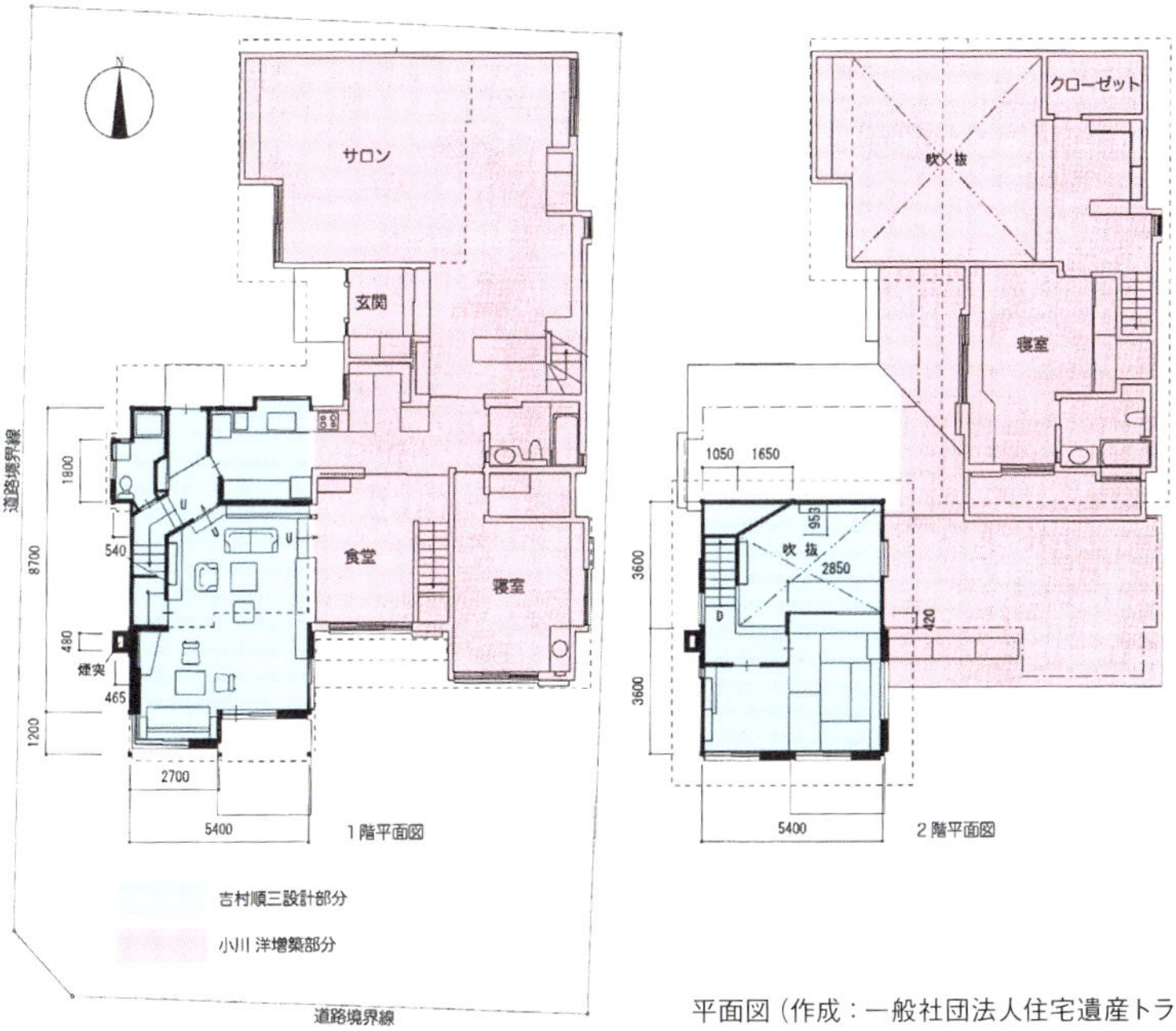

平面図（作成：一般社団法人住宅遺産トラスト）

東側外観

求道学舎

近角真一（集工舎建築都市デザイン研究所代表）

高い天井、高いアーチ窓のある広間。漆喰壁、長押、腰板ともほぼ再利用

関東大震災の後、倒壊を免れた木造の寄宿舎を建築家武田五一が最新の耐震設計法によってRC造に建て替えた（1926年）ものがオリジナルの建物である。本郷の下宿街に「ホテルと見紛う」と呼ばれたその学生寮は、老朽化と時代ニーズの変化に抗することができずに1999年、閉鎖された。創設者近角常観の孫にあたる近角真一が定期借地権を活用したコーポラティブ方式による歴史的建造物の保存活用を企図し、10軒の集合住宅へのコンバージョンを成功させた。スケルトンは耐震補強と耐久性回復措置が施され、インフィルは最新内装・設備を住まい手参加でしつらえるなど、住棟住戸の改修費用はすべて居住者が負担した。人が住んでいるRC造の集合住宅として、日本最古である。（4章14 参照）

アーチのある長い廊下は書庫を兼ねる

共用内部

手前の玄関からバスルームのアーチ窓まで見通す

西側外観

所在地	東京都文京区
竣工	1926年
構造	RC造地上３階建
設計者	当初：武田五一 改修：近角建築設計事務所 集工舎建築都市デザイン研究所
主要用途	寄宿舎→共同住宅
所有者	建物：法人 → 区分所有者 土地：法人所有 → 定期借地権設定
敷地面積	852.01㎡
延床面積	768.01㎡
建築面積	336.80㎡
住戸面積	26.66㎡～161.89㎡
資金計画	定期借地権・区分所有権分譲
改修時期	2006年

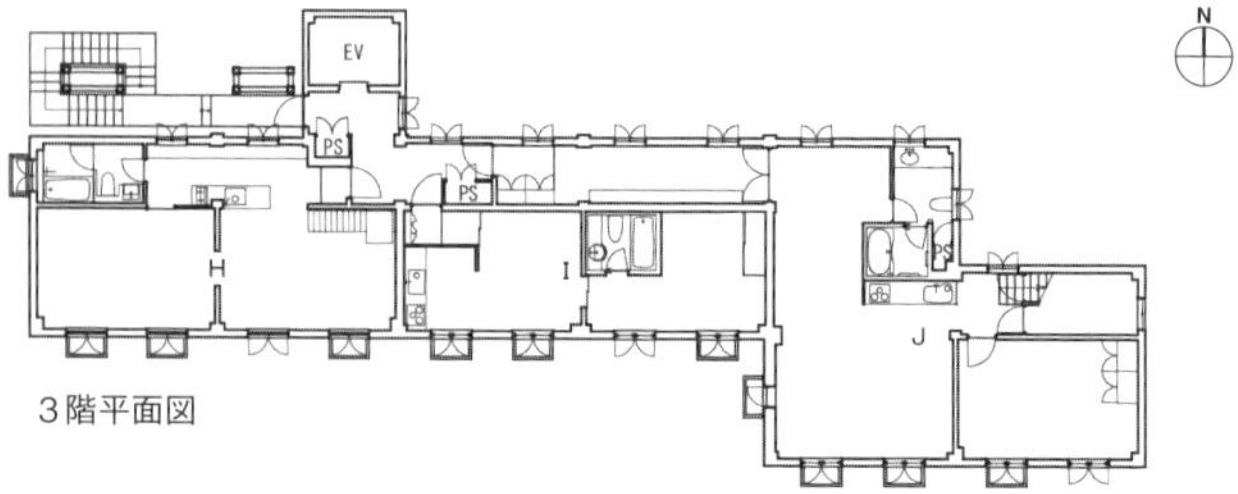

3階平面図

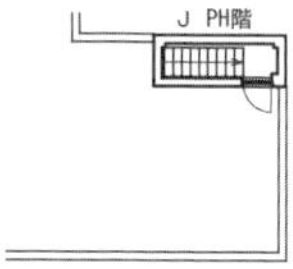

PH階平面図

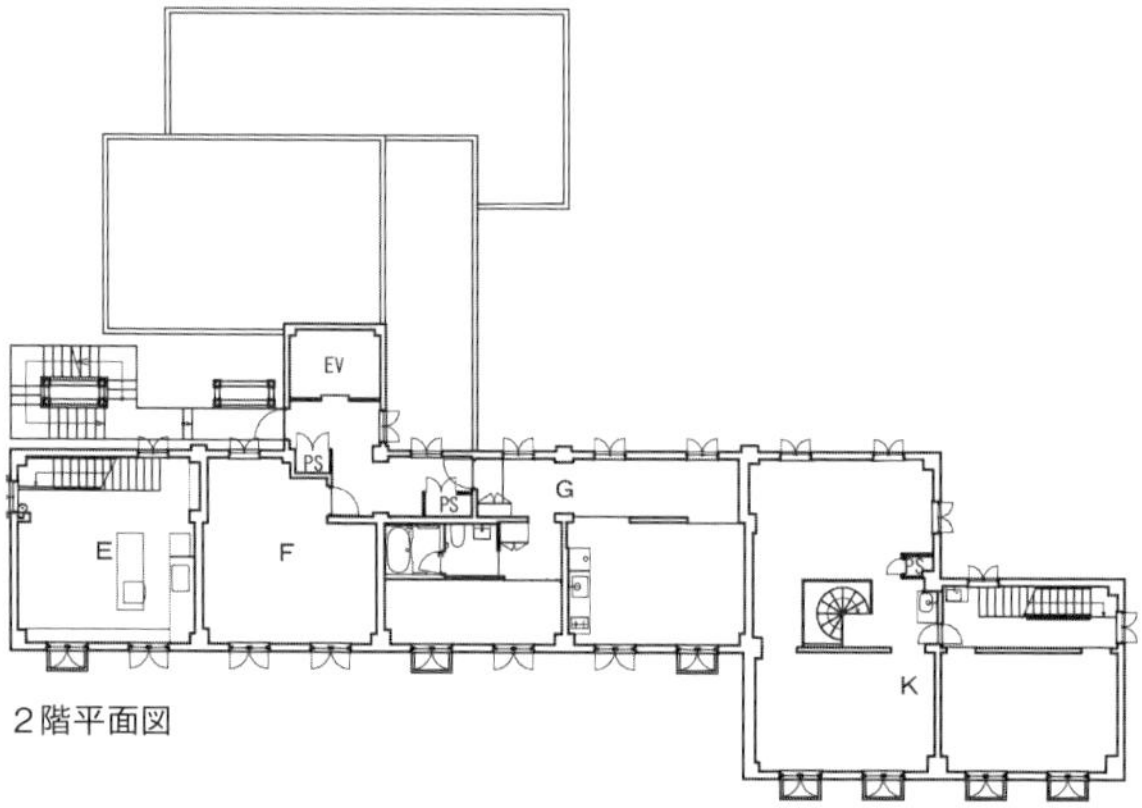

2階平面図

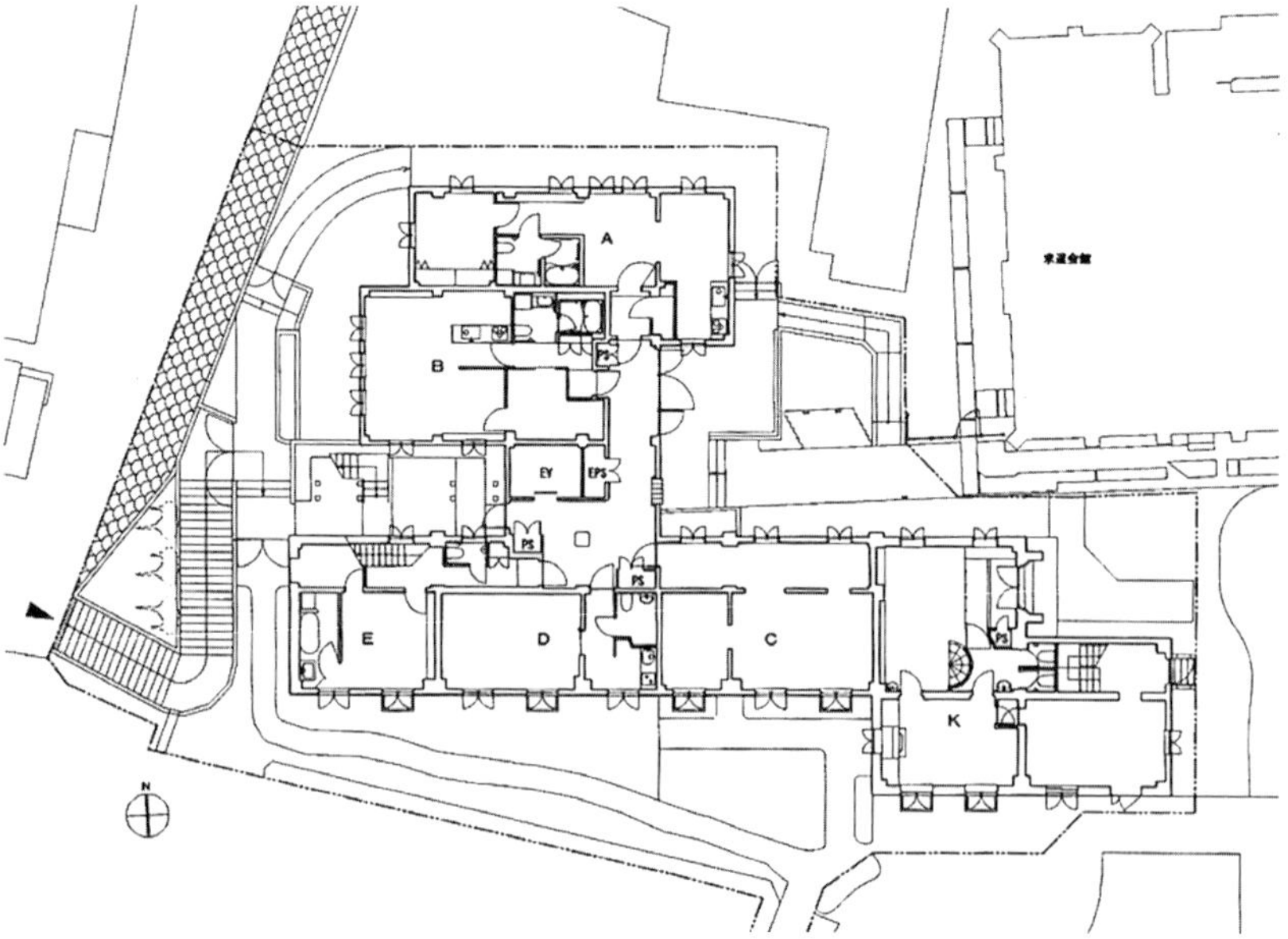

第2章

文化遺産としてよみがえる伝統的な住まい

——受け継ぐことの意味

伝統的な住宅の話を聞いたり、あるいは、見学で訪れたりしたときに、なぜか、懐かしさのような感覚がよみがえることがある。また、はじめて訪れた建築なのに、〝昔、見たことがある〟と思うこともある。こうした感覚を不思議だと思いつつも、きっと日本に生まれたがゆえに、過去からの経験や記憶が遺伝子にも記憶され、次世代に受け継がれているのだと勝手に解釈している。

その解釈の真偽は別にして、個人的にはそのように懐かしさや親しみを感じることを妙に納得している。一方でその反動として、歴史的な住宅が減少し、建築との出会いや伝統的な暮らしぶりの積み重ねができなくなってしまうと、記憶の連続性が途切れてしまうのではないか、開放的空間や畳を見ても何も感じなくなってしまうのではないか、などと不安も感じてしまう。

こんな個人的な思いを述べたのは、この不思議な感覚こそ、自分自身の存在が現代だけではなく、過去とも深く結びついていると感じられるし、また、未来にもつながっているという、連続性を実感できるからだ。やや大げさだが、私にとっての歴史的建造物との出会いは、単なる建築との出会いではなく、日本人としての記憶を思い起こしてくれるスイッチを押すことを意味しているのだ。

私たちの記憶は、個人的体験に基づく私的な記憶と、生活圏としての日本という国や歴史や時間を共有していることから生まれる客観的な記憶とに大別できるであろう。おそらく、世代を超えて受け継がれているものが客観的な記憶であり、それがいわゆる日本人としての伝統的生活を懐かしいものと感じさせてくれる源である。そして、客観的な記憶を共有することにより、安定した社会や文化を生み出し、また、維持できているのではないか。

その意味で、客観的な記憶を呼び戻してくれる歴史的建造物や伝統的な暮らしぶりなどを捨てて一新してしまうのは、過去とともに未来をも捨て去る行為に思えてならない。これからは、改めて現在の住まいや生活、あるいは、慣れ親しんできた地域社会や地域環境を捨て去るのではなく、生活に調和するように緩やかに変えながら受け継いでいく社会をめざすべきではないか。この受け継いでいこうとする行為こそ、当たり前で最も人間らしい生き方のように思う。

そこで、改めて、この素朴な行為としての〝受け継ぐ〟ことの意味を考える時期に来ているように思う。たとえば、〝受け継ぐ〟ことに直結する身近な制度として、文化財指定という制度がある。国や都道府県、さらには市町村は、それぞれ独自の文化財制度をもち、歴史的建造物などを文化財指定している。残すことは未来につながる行為であることは確かなのだが、こうした文化財の保護は、どのような目的でおこなわれてきたのか。また、はたしてそれは〝受け継ぐ〟行為として成功しているのか、という素朴な疑問が湧く。

〝受け継ぐ〟ことの意味は、立場によっても、また、視点の違いによっても異なると思うが、こうしたこれまでの行為の意味を改めて問うことが、文化度を重視した価値観を生み出すためには必要なのだ。いずれにせよ、社会学的観点からみれば、この伝統的住宅や伝統的な暮らしぶりを受け継ぐことへと駆り立てる動機や意味はいったいどう説明しうるのか。あるいは、受け継ぐことと私たちの日常生活との関係はどうあるべきなのか、といった多様な疑問が浮かんでくる。ここでは、この素朴な問いである〝受け継ぐ〟ことの意味を、いろいろな立場の人から多面的に語ってもらうことにした。みなさんも、これらの主張をヒントに、この問いに対して自分自身で考える機会にしてほしい。

（内田青蔵）

1

文化財として保護する意味と役割、そして課題

後藤 治（工学院大学教授）

自治体の熱い動き

近年、歴史的な建物の保存活用へのニーズは飛躍的に高まりつつある。一九七五（昭和五〇）年の文化財保護法の改正によって発足した伝統的建造物群保存地区の制度は、二〇〇三（平成一五）年までに六二地区の国の選定があり、制度開始から三〇年の間に年間平均二地区のペースで増えてきたことになる。さらにここ十数年の動きをみると、二〇一五（平成二七）年の保存地区数は、九〇の市町村で一一〇地区にまで達し、ほぼ倍のペースで増え続けている。保存地区が増えればそれだけ政府の懐事情は苦しくなり、自ずと審査も厳しくなる。それでも選定件数が増え続けているのは、それだけ保存に積極的な市町村が増えていることを意味している。

また、一九九六（平成八）年にスタートした登録有形文化財制度でも同じような傾向がみられる。年間五〇〇件登録を目標に掲げてスタートしたこの制度は、その目標を順調に達成し、二〇一五年度時点で登録件数は一万件を超えた。一〇〇年以上の歴史をもつ重要文化財の指定棟数が四七三二件であることを考える

と、そのペースの違いは一目瞭然である。これもやはり、国が積極的に登録を進めているというよりは、地方からの働きかけによる影響が大きい。

さらに二〇〇八（平成二〇）年にできた「歴史まちづくり法（地域における歴史的風致の維持及び向上に関する法律）」においても、現在までに四九の市町村が計画を策定して実施に取り組んでいる。同法では、計画を立てることが難しく手間のかかる作業を伴うが、先の伝統的建造物群保存地区と比べても、そのペースの速さがわかる。このように、保存制度各種に対する市町村からの積極的な動きが増えており、いま、自治体や地域が歴史的建造物の保存活用に熱い視線を注ぎはじめていることが確認できる。

住まいに関わる制度と状況

では、今回のテーマとなる住まいに関わる文化財保護制度には、どのようなものがあるだろうか。文化財保護法の対象には前述した国宝や重要文化財、登録有形文化財、伝統的建造物群保存地区などのほかに、生業や生活文化の特色をもつものとして、家屋なども対象となる有形民俗文化財や、衣食住、生業、風俗習慣など、日常生活のなかで生み出し継承してきたものを保護する無形民俗文化財がある。また史跡名勝として保護されている住宅などもある。住まいは、さまざまな形態で文化財として守られている。

「民家建築」の保存については、第二次世界大戦前に保存措置がはじまっており、京都の「角屋《すみや》」〔島原花街（下京区）で営業していた揚屋。一六四一年竣工。一九五二年重要文化財指定〕や、新潟の「渡邉家住宅」〔関川村の豪農の邸宅。一六六七年竣工。一九五四年重要文化財指定〕は、一九四九（昭和二四）年に重要美術品〔一九三三年公布の法律で認定された準国宝級の美術品。一九五〇年の文化財保護法制定により廃止〕として認定されている。これらは民芸運動等を背景に認定された経緯をもつ。

しかし、昭和三〇年代に入ると、高度成長に伴い地域の民家が次々と壊された。その頃、とくに一九六六（昭和四一）年から七六（昭和五一）年にかけて、国が各都道府県に対して緊急民家調査をおこなうよう依頼したことも重なり、重要文化財の民家が加速度的に増えていった。「川崎市立日本民家園」〔江戸時代の民家など二五の文化財建造物を移築・展示する野外博物館〕が開園（一九六七年）したのもこの頃である。

一方、「洋風建築」は、一九六一（昭和三六）年以降に重要文化財の指定が進んだ。このとき指定されたものとしては、「旧岩崎家住宅」〔東京都台東区。三菱財閥三代目岩崎久弥がジョサイア・コンドルに設計を依頼した洋館・撞球室・和館からなる。一八九六年竣工。一九六一年と一九六九年に重要文化財指定〕などが代表的である。また明治時代の洋風建築を譲り受けて移築した「博物館明治村」〔愛知県犬山市にある野外博物館〕が開園（一九六五年）するなど、明治維新から一〇〇年経過したことが契機となり、近代洋風建築の保存が注目を浴びるようになった。

伝統的建造物群保存地区については、一九七五（昭和五〇）年の法律改正で導入され、多くの集落や街並みを面的に保護する動きにつながった。この頃の社会的背景としては「環境」が流行り言葉で、「環境庁」ができたり、「歴史的環境」という言葉も流行語となった。また、「ディスカバー・ジャパン」という言葉で、地方で失われかけたものにスポットが当たった時代でもあった。実はこの頃に、世界の先進諸国でも街並み保存がはじまっている。開発に対して保存で調和をとろうと世界的に歩みはじめたのが一九六〇～七〇年代で、日本の法制度も、こうした世界的な流れの影響を受けていた。

住宅政策の一つとしての文化財保護法

住まいの継承においては、文化財保存の政策だけではなく、日本の住宅関連の政策も大きな影響力をもつため、両者の関係性を整理してみたい。

まず、第二次世界大戦後の農地改革〔一九四七～五〇年にGHQの司令に基づき行われた農地所有制度の改革〕により、地方の庄屋や素《そ》封《ほう》家《か》など大規模民家は、財源を失い維持管理が困難になるなど大きな打撃を受けた。また、自立して力を得た旧小作層の小規模家屋の改造・建て替えがおこなわれ、田畑の管理状況も変わったため、農村風景に変化が生じた。昭和三〇年代の民家保存の流れは、この政策の影響を考えないわけにはいかない。それから、高度成長期になると、都市への一極集中と人口増加の時代で、とくに都心部の土地を高度、かつ効率的に利用するために、建物の中高層化が進んだ。このとき政府は「持ち家政策」を掲げ、自らの家を新規取得することに大きな支援をおこなうようになる。住宅ローン減税や、住宅金融公庫による融資はその代表的なものである。この影響で、郊外に住宅地が開発され、農地は宅地化され、都市部では宅地が細分化し、建物の高層化が進んでいく。こうした新規取得を押し進める政策のもとでは、住まいの維持や継承はもっぱら個人の努力によってのみ成立するというかたちになった。

歴史的な建物のみならず、古くからある建物は宅地が大きく低層で、土地が低・未利用になるものが多いので、固定資産税や相続税の負担が非常に大きくのしかかっている。そういうところは、土地を開発者に提供して高度利用させなさいと言わんばかりの時代の流れがあり、国の政策がそれを支援しているのである。

一方、文化財保護法は、強い開発圧力や高度効率化利用に対するパワーバランスとして、少なからず働いた。大きな民家に住んでいる人にとっては、住まいを維持・継承する数少ない公的支援の一つであったといえる。大きなバックアップとしては、重要文化財（国宝を含む）であれば、固定資産税は土地・家屋ともに非課税となり、相続税は土地価格評価を減じてもらえるなどがある。これが住まいを継承するための具体的な救いの手になってきたことは見逃せない。しかし、重要文化財に指定される家屋は基準が厳しいために非常に少なく、かなり限定されている。

そういう背景から、登録制度が導入（一九九六年）されるが、この場合、規制が緩やかである代わりに、税制の優遇措置はほとんどない。また文化財保護法は、住まいの維持継承を主な目的とはしておらず、個人の住宅であり続けるよりは、公有化を推奨する方向に道筋がつけられている。とくに重要文化財は、管理団体が指定されたり、公共に譲渡した場合に譲渡所得税が優遇されたりするといったように、住み続けることを法的には応援していない（図1）。一方、世界に目を向けてみると、たとえばドイツの文化財に関わる州法などの場合、「文化財というのは使い続けることが保存すること」と明確に記載されており、住まいが住まいであり続けることが法的に助成されるかたちになっている。

日本でさらに問題なのは都市部の保存である。高度効率化を優先するあまり、土地容積に対する割増を認めるなどの緩和政策と保存との調整という観点では非常に遅れている。ただし、「三井本館」〔東京・日本橋にあるオフィスビル。三井財閥の本拠地として建設された。一九二九年竣工。一九九八年重要文化財指定〕や「明治生命館」〔東京・丸の内にある明治安田生命保険の本社屋。一九三四年竣工。一九九七年重要文化財指定〕は重要文化財特別型特定街区制度〔容積率・高さ制限の緩和を誘発する制度〕、また「東京駅」〔辰野金吾の設計により一九一四年竣工。二〇〇三年重要文化財指定。創建当初の形態への復原工事は二〇一二年に完成した〕での特例容積率適用地区制度〔高度な開発が要求される場所のなかで容積率が余っている敷地から足りない敷地への移転を認める制度〕というように、ようやく都心部で特例がみられるようになった。とはいえ、住宅レベルではまだまだ遅れているのが現状だ。

「住み続ける」を応援する

日本は、建物を保存する点については遅れているが、残した建物に人が「住み続ける」という点でいえば進んでいる部分もある。

たとえば、イギリスのナショナルトラストは、代々住むことを応援している数少ない政策であるが、一般的に欧米の場合は、住まいの器としての建物保存を優先するために、用途転用を繰り返したり、住まい手の変更がしばしばおこなわれたりしている。人が住んでいない保存地区もたくさんある。一方、日本では、同じ建物に代々住み継ぐことを重視する傾向がある。日本は文化的に土地所有に執着が強く、市街地のシャッター通りでもなかなか所有者がその土地を手放そうとはしない一因にもなっている。しかし少子高齢化で跡継ぎがなく、空き家や空き店舗は増加の一途である。近いうちに日本でも欧米のような保存形態が発生すべきなのではないだろうか。

国際競争が激化するなかで、都市部では依然として強い開発圧力が続く。今後資産課税が強化されれば、とくに都心部で住まいを継承するのはますます難しくなる。「住み続けること」を応援する制度とみなされるのは、耐震改修やバリアフリー改修など、住宅性能表示制度〔二〇〇〇年施行の「住宅の品質確保の促進等に関する法律」で創設された制度。新築住宅の品質を第三者が一定の基準で評価するもの〕のなかで住まいの改修を促す制度のみだ。これらも歴史的な建物にはなじまない。

この流れを断ち切るためには、自治体が独自の制度をつくって立ち上がるしかない。実際に、建築基準法の適用除外のための独自条例をつくったり、空き家再生に独自支援をしている自治体も登場しはじめている。

現状では国の大きな流れに乗らずにわが道をゆく自治体の強い意志しか、建て替えの圧力に対抗する道はない。しかし、自治体が独自に指定し計画を定めた国の登録文化財などを国がバックアップする制度が生まれれば、事態は変わっていくのではないだろうか。

最後に、空き家対策として、住まいの長寿命化のための改修費を相続時に税金から控除する制度を導入してはどうかと、提案をしたい。積極的に投資して空き家を使っていこうとしている人たちがいるのであれば、相続税を控除するなど、税制の優遇措置を設けることで古い建物の改修は進むはずだ。さらに一歩進めて、生前からの税の優遇を認めることができれば、社会の状況は大きく変わり、既存の古い家屋に住み続けることに前向きになる人は確実に増えるだろう。

件数	税制の優遇 固定資産税 ・相続税	修理に対する助成（代表的なもののみ）	規制・罰則等		
			現状変更	公開	罰則
223件 （282棟） （2016年） 2456件 （4825棟） 国宝を含む （2016年）	固定資産税：非課税（家屋・土地） 相続税：評価額を70/100減額	保存のために必要な修理費用の2分の1を国が補助	文化庁長官の許可を得なければならない	文化庁長官による公開に対する勧告	刑事罰 行政罰
11879件 （2015年）	固定資産税：地方自治体別に独自に措置	地方自治体別に独自に措置	教育長の許可を得なければならない（地方自治体別に独自に措置）	地方自治体別に独自に措置	行政罰（地方自治体別に独自に措置）
10691件 （2016年）	固定資産税：家屋1/2 相続税：評価額を30/100減額	保存・活用のために必要な修理の設計監理費の2分の1を国が補助	文化庁長官に届け出なければならない	所有者、管理団体が行う公開に対する文化庁長官の指導・助言	行政罰
112地区 （2016年）	固定資産税：家屋＝非課税、土地＝1/2以内の減額を自治体が措置 相続税：評価額を30/100減額	保存のための修理・修景等のために必要な費用を市区町村が独自に補助、市区町村が要した経費の1/2を国が補助	教育長の許可を得なければならない	規定なし	行政罰

図１　各種文化財の保存制度比較

	制定年	根拠法令	認可主体	指定・登録の種別
国宝 （建造物）	1897 年 古社寺保存法 1929 年 国宝保存法 1950 年 文化財保護法	文化財保護法第二七条 第２項 「重要文化財」のうち「世界文化の見地から価値の高いもので、たぐいない国民の宝たるもの」	国	指定
重要文化財 （建造物）		文化財保護法第二七条 第１項 「文部科学大臣は、有形文化財のうち重要なものを重要文化財に指定することができる」　同二条第１項「有形の文化財所産で我が国にとつて歴史上又は芸術上価値の高いもの」	国	指定
指定有形文化財 （建造物）	1975 年	文化財保護法第一八二条 第２項 重要文化財、（中略）以外の文化財で当該地方公共団体の区域内に存するもののうち重要なものを指定	都道府県 市区町村	指定
登録有形文化財 （建造物）	1996 年	文化財保護法第五七条 重要文化財以外の有形文化財（一八二条第２項に規定する指定を地方公共団体が行つているものを除く。）のうち、その文化財としての価値にかんがみ保存及び活用のための措置が特に必要とされるものを文化財登録原簿に登録することができる。	国	登録
重要伝統的建造物群 保存地区の 伝統的建造物	1975 年	文化財保護法第一四四条 市町村の申出に基づき、伝統的建造物群保存地区の区域の全部又は一部で我が国にとつてその価値が特に高いものを、重要伝統的建造物群保存地区として選定することができる。	市区町村	指定 （国選定）

2

過去の遺物を保存することの社会学的意味

木村至聖（甲南女子大学准教授）

文化遺産は「社会の鏡」

文化遺産とは、その時代の社会集団の思想や生活文化、価値観が反映されているもの、いわば「社会の鏡」ということができる。時代や社会は絶え間なく変化していくが、その過程でどのようにして文化遺産が見いだされ、それを守り伝えていくのか、社会学的視点から人々が過去の遺物を保存することの意味について考察しよう。

そもそも、文化遺産という考え方、価値観は、近代社会以降にはじまったものである。日本では、貴族や寺社が宝物《ほうもつ》というかたちで歴史的に価値あるものを守り伝えてきた伝統はあったものの、それを一般の人々に公開したり、その価値を分かち合って共有するようなことは、近代社会に至るまでみられなかった。それは、いまの文化遺産制度を生み出した西欧社会においても同様で、近代以降の市民社会や国民国家の出現とともに、コレクションを共有するという思想や制度が形成されてきた。

西欧での社会的影響を考えるうえで興味深い事例に、一八世紀ヨーロッパにおける「廃墟趣味」がある。

当時、風景画に代わって廃墟が多く描かれた時代があり、「ピクチャレスク」〔一八世紀後半のイギリスに始まる、田園風景や異国趣味などの絵画的な雰囲気を尊重する美的概念〕と表現されて流行した。これらは、当時のヨーロッパの人々にとってどのような意味をもっていたのだろうか。

このピクチャレスクは、過去の遺物を見るべきものとして意識させ、過去と現在が神話のような遠く離れたものではなく、連続した過去であるという歴史認識をもたせる意味をもっていた（図1）。こうした廃墟への欲望は、文明化が速度を上げて進むヨーロッパ社会では近代化されていない社会への郷愁を誘い、また一方では、偉大な国家の歴史的遺物を共有することで、一般国民に国家への帰属意識を喚起させるという目的としても利用されてきた。しかし、今日における文化遺産は、また新たな意義をもちはじめている。

図1　ユベール・ロベール「古代の廃墟」（1779 年）

文化遺産の新たな道のり

一九七〇～八〇年代の先進諸国は、産業構造の転換時期を迎えた。工業の衰退をみた西欧社会では、労働者階級が相次いで失業し、産業都市の凋落傾向がみられた。こうした問題を社会的に包摂していくための手段として、産業遺産というものが注目された。

「産業遺産」の定義とは、「歴史的、技術的、社会的、建築学的、あるいは科学的価値のある産業文化の遺物」とされており、働く人々の住宅や学校、集会所といったものまで含まれる。技術的生産的な側面だけではなく、産業を支えた名もなき人々の日常をも価値に含むところが、革新的である。一九九〇年代以降、西欧諸国を中心にこの産業遺産の整備と保存が積極的に進み、世界遺産にも産業遺産が名を連ねるようになった。いまでは、観光資源というかたちで商品化したり、ローカルな社会集団の結合や連携を強めるための制度として、文化遺産は「産業遺産」というカテゴリーを包括することで、また新たな意義をもちはじめている（図2・3）。

英国の社会学者ジョン・アーリ〔一九四六―二〇一六。観光社会学や「移動の社会学」で世界的に知られる〕が提示した、新しい文化遺産が生まれる四つの源泉〔注〕のうち、「自分たちの歴史に関心をもつ社会集団の増加」に着目したい。これからの文化遺産には、行政でも企業でもない「自分たちの歴史」を守り伝えようとする人々の関わりが、遺産の価値づけから維持活用に至るまで非常に重要な役割をもつ。そのことの意味を、長崎県の端島《はしま》（通称：軍艦島）の実例をもとに考えてみよう。

図2　フェルクリンゲン製鉄所
（ドイツ、1994年世界遺産登録）

図3　ブレナヴォンの産業景観
（イギリス、2000年世界遺産登録）

世界遺産となった軍艦島

長崎港の南西の海上に浮かぶ端島（旧高島町、現長崎市）は、明治から昭和にかけて海底炭鉱で栄えた島で、高層の鉄筋コンクリート群が建ち並ぶ光景から通称「軍艦島」と呼ばれる。二〇一五（平成二七）年に、この端島を含む幕末から明治の重工業施設全二三が、「明治日本の産業革命遺産」として世界文化遺産に登録された。

炭坑の島・端島は、三菱の単一企業集落として発展。最盛期を迎えた一九六〇（昭和三五）年には、人口五〇〇〇人を超え、東京二三区以上の人口密度を有した。そのため、島には炭鉱の生産施設だけでなく、移住してきた労働者家族の住居や、学校、病院や映画館などのレクリエーション施設、神社や寺などの宗教施設までがあり、都市さながらの様相を呈していた（図４）。

ここ端島で独自の発展をとげた生活システムにも注目したい。たとえば、勤続年数や成績によって、専有面積や日当たりなど、よりよい条件

［注］英国の社会学者ジョン・アーリによる「新しい文化遺産が生まれる四つの源泉」
1．経済の急速な構造転換による廃墟の急増、2．民間企業による表象技術・ノウハウの発展、3．地方自治体による雇用創出のためのツーリズム戦略、4．自分たちの歴史に関心をもつ社会集団の増加

図４　閉山前の軍艦島の風景【出典：岩波写真文庫『石炭』1951年】

の部屋に引っ越すことが認められる制度があったり、地区ごとに詰所と呼ばれる施設が置かれ、そこに労働者の生活を監視・管理するための係員が駐在する仕組みもあった。この詰所の係員が、住民の日常的な生活相談に乗ることも多く、島全体が家族のような付き合いであったという。しかし、一九七四（昭和四九）年に炭坑が閉山すると、とたんに無人島になり、それゆえに一九七〇年代当時の炭坑の生活空間をそのままとどめるタイムカプセルとなりえた、希有な産業遺産である（図5）。

しかし、端島が世界遺産として評価されたのは、あくまでも「明治日本の産業革命遺産」としてであり、軍艦島の象徴ともいえる大正時代以降に建築された鉄筋コンクリートなどの住居群は対象とはならなかった。ユネスコの諮問機関ＩＣＯＭＯＳによる登録勧告書をみても、一八六九（明治二）～一九一〇（明治四三）年の建造物がその対象であるとしか明記されていない。なぜこのようなことが起こったのだろうか。

誰にとっての文化遺産か

端島は、炭坑閉山から三〇年近く、知る人ぞ知る無人の廃墟

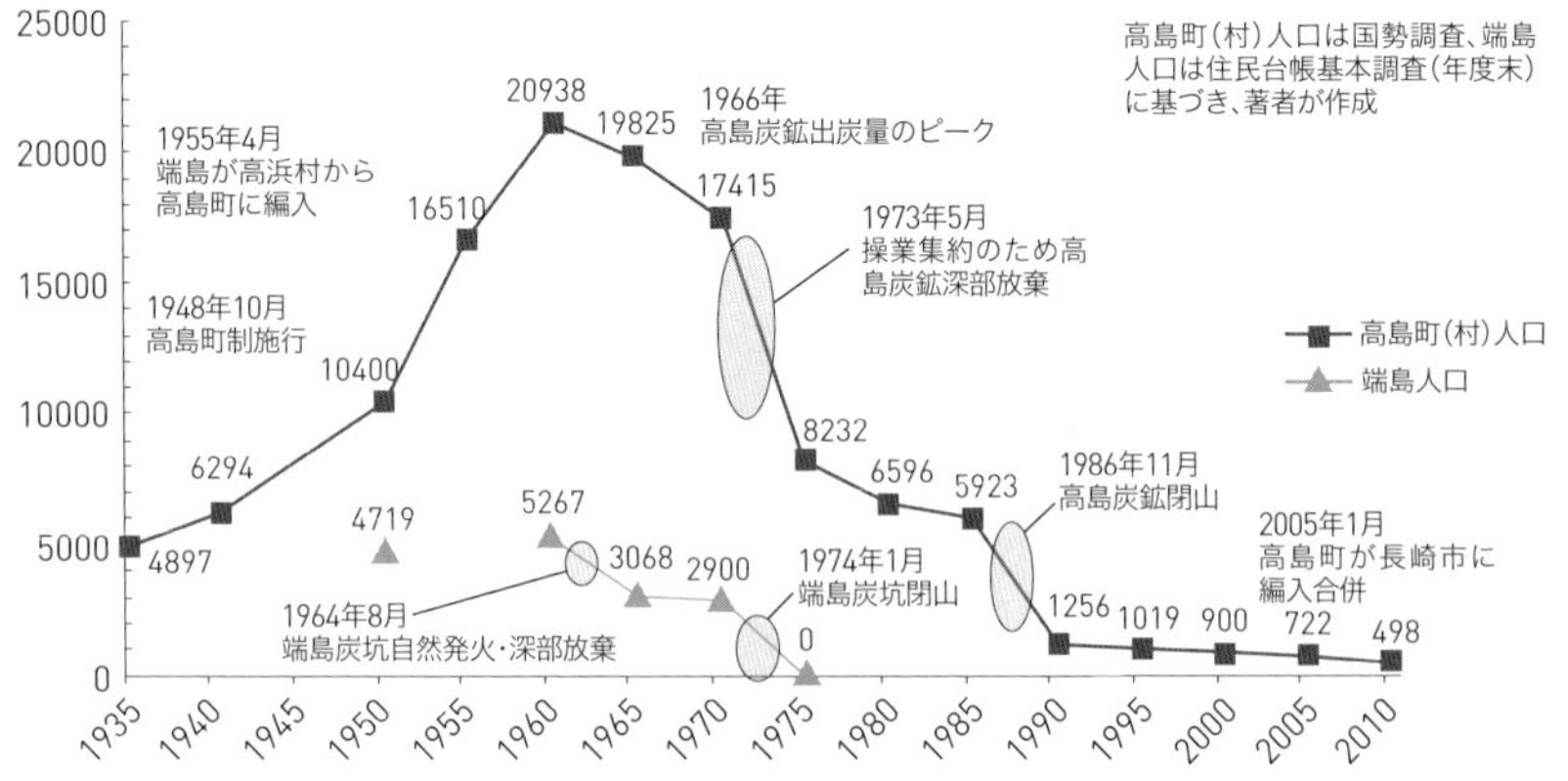

図5　単一企業集落ゆえに、炭鉱閉山後、廃墟化【高島および端島の人口（高島町（村）人口は国勢調査、端島人口は住民台帳）基本調査（年度末）に基づき、著者作成】

島だった。二〇〇一（平成一三）年に三菱マテリアル（当時）から高島町に無償で譲渡されたが、具体的な観光利用に至らず、安全面の理由からも島への上陸は禁止となっていた。実際の活用が検討されるようになったのは、平成の大合併で、高島町が長崎市に合併されてからのことである。しかしそれ以前から、元住民らによって島の保存を訴える「軍艦島を世界遺産にする会」が設立されたり、軍艦島対岸の野母崎《のもざき》で、商工会青年部の有志による手づくりの資料館ができるなど、小さくとも新しい動きが起こっていた。私は、二〇〇七（平成一九）年の夏に端島の北側に位置する高島に一か月ほど滞在し、軍艦島周遊ツアーのガイドの手伝いをしながら調査をおこなったが、この頃はまだ地元住民の多くがこうした動きに冷めた目をもっていた。

その後、九州近代化遺産の保存活用に向けた二〇〇五（平成一七）年の「かごしま宣言」を機に、二〇〇六（平成一八）年には文化庁の世界遺産候補の公募に六県八市が共同して「九州・山口の近代化産業遺産群」を提案し、二〇〇九（平成二一）年の世界遺産暫定リストに記載されることになった。こうしてようやく長崎市内でも軍艦島が観光資源として認識されるようになり、島内の整備がなされ、上陸ツアーが解禁された（図6）。

しかし、世界遺産の登録申請の過程で、「九州・山口の近代化産業遺産群」から「明治日本の産業革命遺産」へと明確な年代区分が加えられ、端島炭坑は幕末維新の志士たちによる「日本近代化」の成功ストーリーの一ページとして位置づけられることとなった。世界遺産に登録されたことは喜ばしいことながら、労働者が暮らした建物などが位置づけに含まれていたら、また意味が違ってきた可能性がある。

「文化遺産とは、『社会の鏡』である」という言葉に立ち戻ると、「明治日本の産業革命遺産」は、いったい誰にとっての社会をつなぐものなのか。単なる地域の観光商品としてのものなのか、国家のイデオロギー

図6　軍艦島周遊ツアー（右上）と上陸ツアー（右下）

装置としてのものなのか。先にみた定義にもあるように、本来、産業遺産とは、名もない人々の日常生活が評価されるところに価値があるにもかかわらず、今回の世界遺産の登録では、その暮らしや住まいの要素が完全に評価対象外となってしまった。そのことはとても残念であり、文化遺産登録のあり方に対して疑問符を投げかけざるをえない。

評価されにくい労働者の住まいや暮らし

端島を含む産業遺産が評価される一方で、筑豊の炭坑住宅はいまなお壊され続けている。日本は、政府の労働力流動化政策によって石炭産業が斜陽化すると、労働者を他地域に移動するよう促した。こうした流動性が労働者文化を保存することを非常に困難にしたといえる。労働者の生活や文化が継承されない理由の一つがそこにある。

しかし例外もある。たとえば、筑豊の炭坑節発祥地とされる福岡県田川市には、有名な日本煙突と竪坑櫓をもつ大きな炭坑地域がある。それらは世界遺産申請の候補から外されてしまったが、その地域で働いていた炭坑夫・山本作兵衛の記録画がユネスコの「世界の記憶」に登録されている。これは、文化庁など国を経由して登録に至ったのではなく、地元の田川市と福岡県立大学の推薦によって実現したものである。

地元の住民が自らの手で歴史を再発見し、プライドをもってその価値を内外に発信した結果としてこの記録画は文化遺産となりえた。こうした記録資料から、「コト」としての住文化は継承できるし、自分たちの思想や文化の継承物として守り伝えていくことは可能である。カタチやモノとしてのみ成立するものではない、あくまでも「モノ」と「コト」の両面から、暮らしの継承をしていくべきであろう。

3 祖父の家を受け継ぐことで考えたこと

村川夏子（村川堅固令孫）

東京都文京区目白台（旧小石川区雑司ヶ谷町）にある「村川家住宅」の主屋《おもや》は、一九一一（明治四四）年に建築された木造二階建ての和風住宅である。近代に多くみられる中廊下型住宅（部屋と部屋の間に設けられた廊下をもつ住宅）としては最も初期に建てられたもので、主屋西南に張り出したかたちで洋館が取り付く和洋折衷型の住宅でもある。約三〇〇坪の敷地には、蔵や離れがあり、このうち主屋・洋館（一九一一）、蔵（一九二〇）、門（一九一一）が国の登録有形文化財になっている、文京区の代表的な歴史的住宅である（図1〜3）。

村川家住宅で注目すべきなのは、いまなお家族が暮らしながらこの家を守り継いでいることである。現在の所有者である私がこの家をいかにして受け継いできたか、継承の際に関わって

図1　北隣より望む村川家住宅　主屋・西洋館・蔵

図2　門内　右手の蔵は城砦風

図3　次の間から座敷をのぞむ

きた制度などを挙げ、今後求められるもの、家を受け継ぐことの意味などについて、継承者の立場から述べたい。

村川堅固の思想と住まい

「村川家住宅」は、東京帝国大学の教授で西洋史学者の村川堅固《けんご》によって建てられた。当時、村川堅固は「衣食住」に対して「住食衣主義」を提唱し、「生活は住を第一にすべきで、その家はある程度の広さを持ち大きな木があることが大切である」など、住まいにおける確固たる理念をもっていた。その理念を反映するように、雑司ヶ谷の本宅のみならず、勝浦（千葉県）、我孫子（千葉県）、鵠沼《くげぬま》（神奈川県藤沢市）など四つの別荘を次々につくった。この一連の住まいの変遷をみるだけでも堅固の住まいに対する変化がうかがえて興味深い。また、これらの建物が関東大震災や東京大空襲を乗り越えて現存したことも珍しく、近代における都市部知識層の住まい観や家族観を表すものとして、貴重な歴史的建築である。

　さらに特徴的なのは、村川家には、江戸時代から伝えられた文書や家屋に関わる書類（証書や図面、仕様書や支払明細）などが多く保存されていることである。とくに、堅固の妻ふさが、一九〇八（明治四一）年から一九五五（昭和三〇）年に至るまで絶え間なく記し続けた家計簿は、当時の生活を具体的に知ることができる貴重な史料となっている。村川堅固が建てた住まいと、暮らしの記録、現在もそこでの生活が継承されているという点からも、村川家住宅は希有な存在である。

私は、村川堅固の孫にあたる。雑司ヶ谷の本宅は二度の相続を乗り越え、今日に至っている。一度目の相続の際は、近県の所有地を処分し、本宅を含む三か所（本宅、我孫子、鵠沼）を堅固の長男・堅太郎が継承。以後四五年にわたって維持を続けた。そして二度目の相続の際には、我孫子と鵠沼の別荘を物納し、現在は私と夫が目白台の本宅を受け継いで維持している（図4〜6）。

一度目の相続は、旧民法の家督相続であったが、二度目は相続人全員による均等配分相続で、ほかを物納することなどにより、何とか本宅を維持できた。しかし、次の相続のときには、本宅を売却しなければ相続税を払いようがないので、直系による百年住宅の継承は、私の代で途切れる。

固定資産税という重荷

村川家住宅は、これまでに継承の危機が五度訪

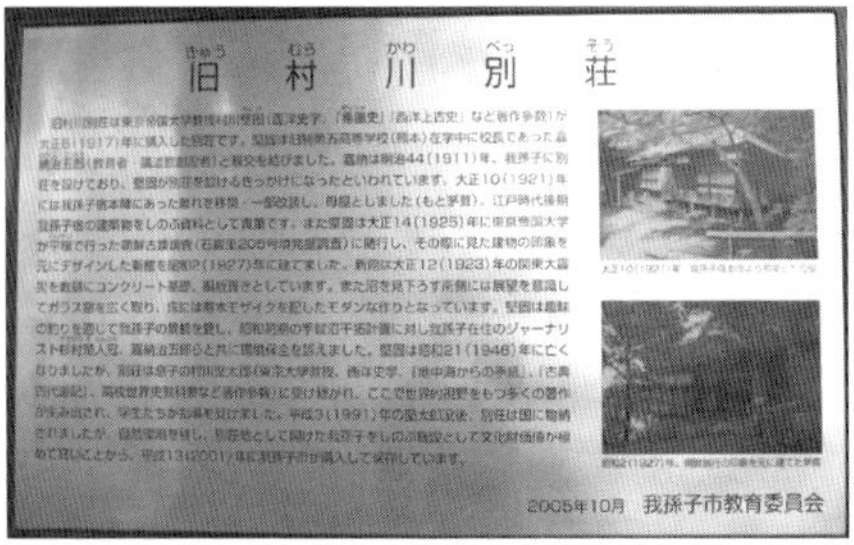

図5　2007 年に我孫子市指定文化財指定

図4　我孫子の別荘の主屋（1921 年移築建設）

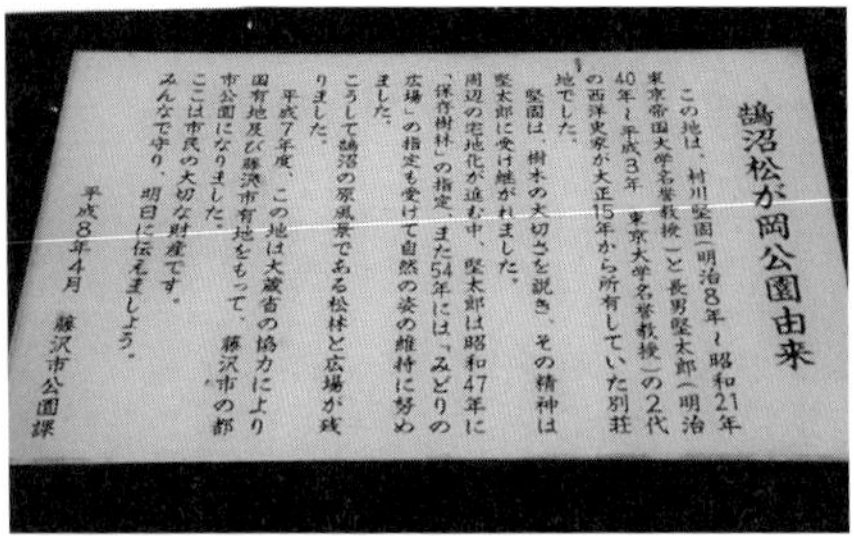

図6　1996 年藤沢市立鵠沼松が岡公園となる

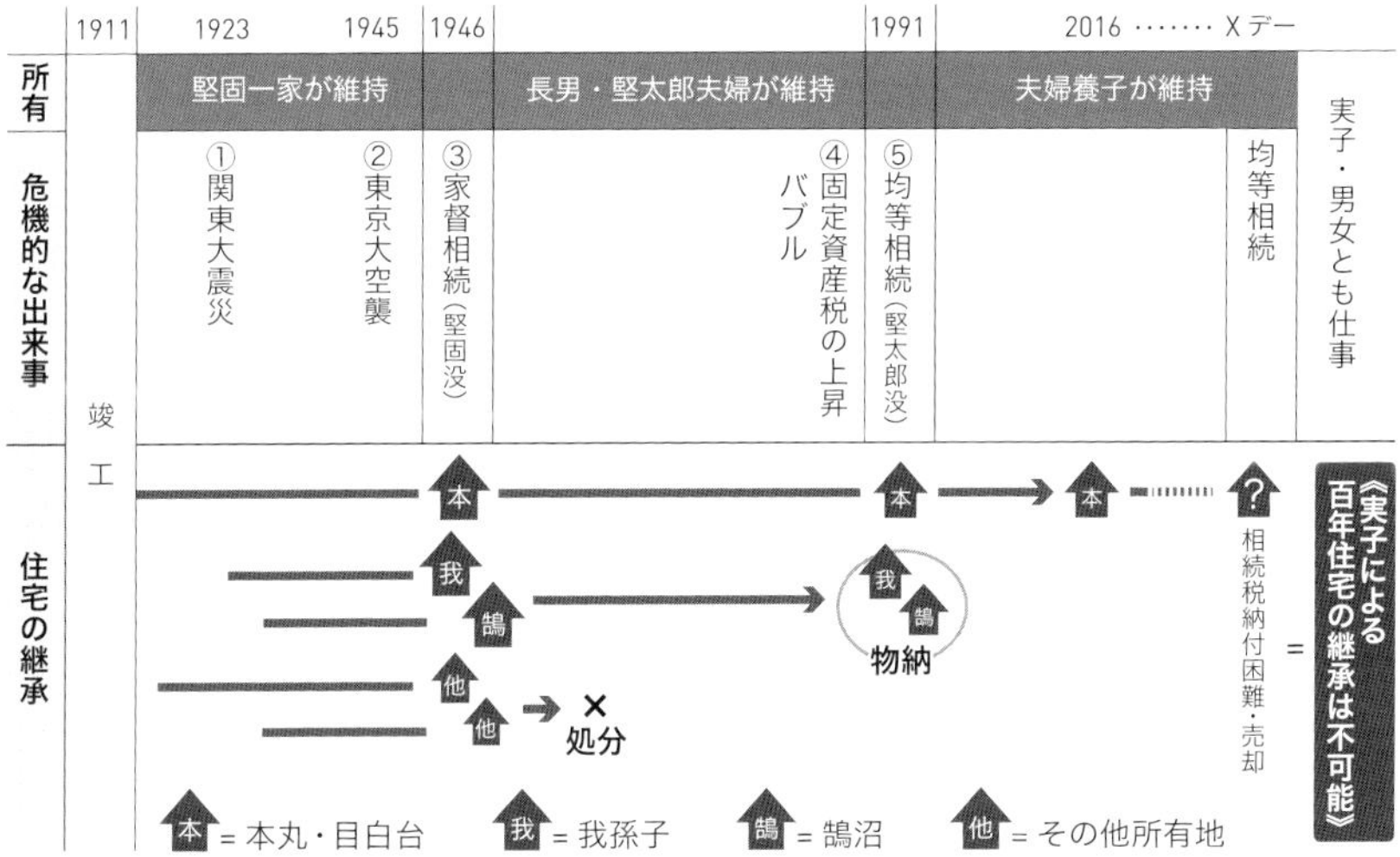

図7　五度の危機

れている。関東大震災と、東京大空襲、そして二度の相続。さらに固定資産税の上昇が、家を維持できなくなる一番の要因として、いまなお慢性的にのしかかっている（図7）。

固定資産税は戦後の地価高騰を反映し、高度成長期以降、負担が増大し、いまなお上昇の一途にある。村川堅固から住まいを受け継いだ長男・堅太郎は、西洋史学者で高校世界史の教科書執筆による安定した印税収入があった。それをすべて土地の維持費にあててきたというが、一九七五（昭和五〇）年頃から印税よりも固定資産税のほうが上回ってしまい、このままでは鵠沼の別荘の土地を切り売りせざるをえないと語るようになった。

その頃偶然、私は藤沢市の「『緑の広場』土地を求めます」という公募記事をみつけた。市民緑地の指定を受けると固定資産税が減免になるというので父に提案したところ、快くこれを受け入れた。鵠沼別荘は、土地の広さ一八〇〇坪。すでに一部は藤沢市の保存樹林の指定を受けており、両者の固定資産税減免により維持が可能になった。このとき切り売りしていたら、相続の際、物納分が不足し、目白台本宅は保てなかったかもしれない。

地域の人々の想い

現在、鵠沼の別荘は、松林と「緑の広場」を合わせ、藤沢市立鵠沼松が岡公園として、我孫子の別荘は我孫子市指定文化財「旧村川別荘」として、それぞれ市民が親しみ、訪れる場所になっている。

こうして鵠沼と我孫子の別荘を地域の社会資源としてよいかたちで残せたのは、地元の方々が別荘のことをよく知っていたということが大きな後押しになった。そこでようやく残した目白台の本宅も地域の方に知ってもらうことが必要だと考え、新しくはじまった登録有形文化財制度に注目した。あまり経済的なメリットはなさそうに思えたが、鵠沼や我孫子と同じように、まちの文化資源として存在意義を見いだすことができればという想いから申請することを決め、一九九八（平成一〇）年に登録有形文化財になった（図8）。

登録有形文化財所有者として思うこと

「村川家住宅」が有形文化財として登録されてから一八年が経過し、改めて「登録」の意味を所有者ながらに考えることがある。登録有形文化財は「ムチもなければアメもない制度」。登録のメリットは、家屋の固定資産税が二分の一に減免されること。しかし、日本では古い家ほど評価額が低く、村川家住宅の場合も減税額はわずか七五〇〇円にすぎない。また、相続税評価額が三割減額されるようになったが、それによってこの家を次の世代に受け渡せるかというと、やはり無理だろう。次世代に受け継ぐための方策としては非力で、そのためには何か別の手立てが求められるが、文化財登録によってその出発点に立てるとの感がある。

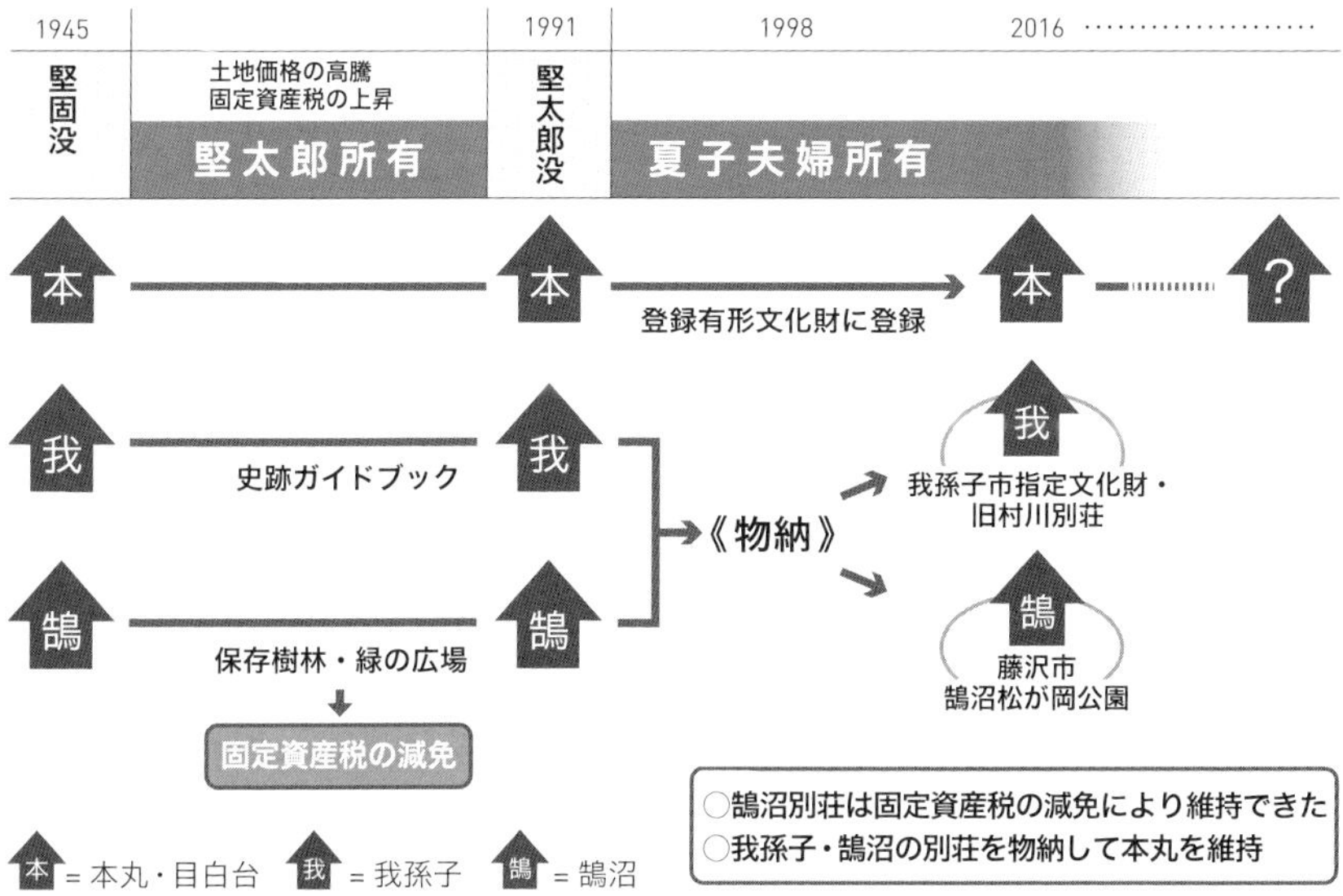

図８　「受け継ぐ」を可能にした制度

それでは、登録有形文化財制度のメリットは何なのか。私は制度の本質は「価値を認める」という点にあると思う。所有者は地道で孤立しがちだが、家を継承することで社会とつながり、貢献できるという実感が得られ、気持ちを明るくしてくれる。また文化財が増えることで、文化財が身近になりつつあるとも感じている。私は登録して本当によかったと思っているが、制度が施行されてから二〇年経ち、所有者の代替わりが増え、登録有形文化財制度では継承が困難な現実も顕在化している。

継承していく意味、これからの課題

私がこの家を継承したときは、登録有形文化財所有者のなかで一番若い所有者だと言われていた。しかし登録から一八年が経つと、だんだんと家を手放すときが近づいていると感じている。もしも、夫婦どちらかが健康を損なうようなことがあれば、大きな家はとたんに維持できなくなる。もしも地震でも発生すれば、今度はもたないかもしれないなど、不安は尽きない。

ただ、経済的に立ち行かなくなるとすれば、一番の原因は、繰り返しとなるが、やはり固定資産税である。固定資産税は、相続税と違って毎年払い続けなければならず、村川家同様、都内の一等地に建つ登録文化財住宅にとっては、非常に負担が重い。固定資産税の土地評価の方法は、早く売ってマンションにしなさいとでもいうようなもので、これに憤りを感じるのも当然だろう。

固定資産税の支払いや家の修繕のために老後の資金に手をつけた、固定資産税の捻出で修繕まで回らないなど、所有者の間でしばしば聞く話である。税制面、金銭面で維持管理に困っているのは、古い建物を所有する全員に共通する悩みである。住まいを継承するためには、固定資産税の減免が欠かせないことを強く訴えたい。また修繕費用も大きな負担である。たとえば、貸家の場合だと多少の修繕なら必要経費として認められるのに対し、実際に住んでいる文化財住宅だと修繕はすべて自己負担である。屋根、床、壁など、文化財としての体裁を保つために欠かせない修繕は、貸家に鑑み、必要経費として認められないものだろうか。これらが改善され、維持がしやすいことを旨とした税制や法制度に変わってほしいものである。

しかしそれだけでなく、制度の内容や、受け継ぐための方法を一緒に考えるような、良き相談相手が所有者に周知されることも必要だ。また、現住の所有者が継承先をみつけて寄付すると、所有者の住まいがなくなることも想定され、寄付後の生活が成り立つ仕組みも欠かせない。

二〇一八年、公益信託法の改正案が国会に提出され、歴史的建造物の保護活動などにもつながるとの新聞報道があった。こうした新しい制度が生まれることは一つの希望で、次の世代に受け渡すための方策が増えることを願う。高齢化する所有者にとっては、次なる一歩を踏み出す手立てが一刻も早く必要なのだ。

そして、住まいの継承にあたっては、ただ建物が残ればいいのではなく、その建物がもつ精神性、生活感なども受け継げる仕組みであってほしい。住まいの継承は、金銭面や生活環境の変化などさまざまな問題が絡み合うため、けっして楽なことではない。しかしながら、将来を担う小さい子どもたちにも、樹木の四季の移ろいとか古い家の佇まいを感じ、人のぬくもりや大切に使い続けることの大事さに触れながら育ってほしいと思っている。

4 日本の住文化教育のいまと課題

碓田智子（大阪教育大学教授）

現代の生活から遠のく「和の住まい」

私は、ある日の産経新聞の記事をみて、もはや日本の畳文化はこれで消滅してしまうのではないかとショックを受けた。その記事は、五〇年以上続く畳店の三代目がマンションに畳を搬入したときのエピソードからはじまっていた。その場にいた女子中学生が「臭い」と放った言葉に、畳屋店主は時代の変化を感じたというのが導入にあり、畳業界のゆくえに焦点をあて、若い世代の畳離れや、フローリング主体のマンション居住者の増加状況を紹介し、業界再起の方法を探る記事であった［注］。

畳のイグサはいい匂いだと感じていた世代にとっては、大変ショッキングな内容である。記事によると、一九九三（平成五）年に四五〇〇万枚だった国内の畳表需要量は、二〇一二（平成二四）年には一四九〇万枚、二〇年ほどの間におよそ三分の一にまで減少している（熊本県い業生産販売振興協会調査による）。また主産県（福岡県、熊本県）による畳表生産量は、二〇〇四（平成一六）年産の七八〇万枚から、二〇一三（平成二五）年には約半分の三四三万枚にまで減少（農林水産省統計）。さらに、輸入量は国内生産量を上回り、現在では約八割が中国などからの輸入によるなど、畳業界の衰退は顕著だと書かれている。

こうした畳需要の変化は、日本人の住まいの変化を如実に物語っている。一九七八（昭和五三）～二〇一三（平成二五）年までの住宅の変化をみてみると、一九七八年に八〇％以上を占めていた木造住宅が、二〇一三年には五七％強にまで減少（図1）。さらに、一戸建てから共同住宅への変化もめざましく、とくに大都市圏で顕著で、大阪市の共同住宅化率は七〇％を超えている（住宅・土地統計調査より）（図2）。こうした住宅の構造や建て方の変化に加え、個室住宅の増加、住宅の洋室化、生活習慣の洋風化は加速度を増す一方である。

この結果が何を示すかというと、日常生活から和の住まいが遠のきつつあり、大都市圏でその傾向が顕著であるということ。これを教育面に言い換えれば、「日本の和の住文化を

[注]「イグサを『臭い』という女子中学生、日本の畳文化は消滅してしまうのか……業界危機感、畳『復権』へ「畳ビズ」「東京五輪作戦」」（『産経新聞』二〇一四年五月一七日）

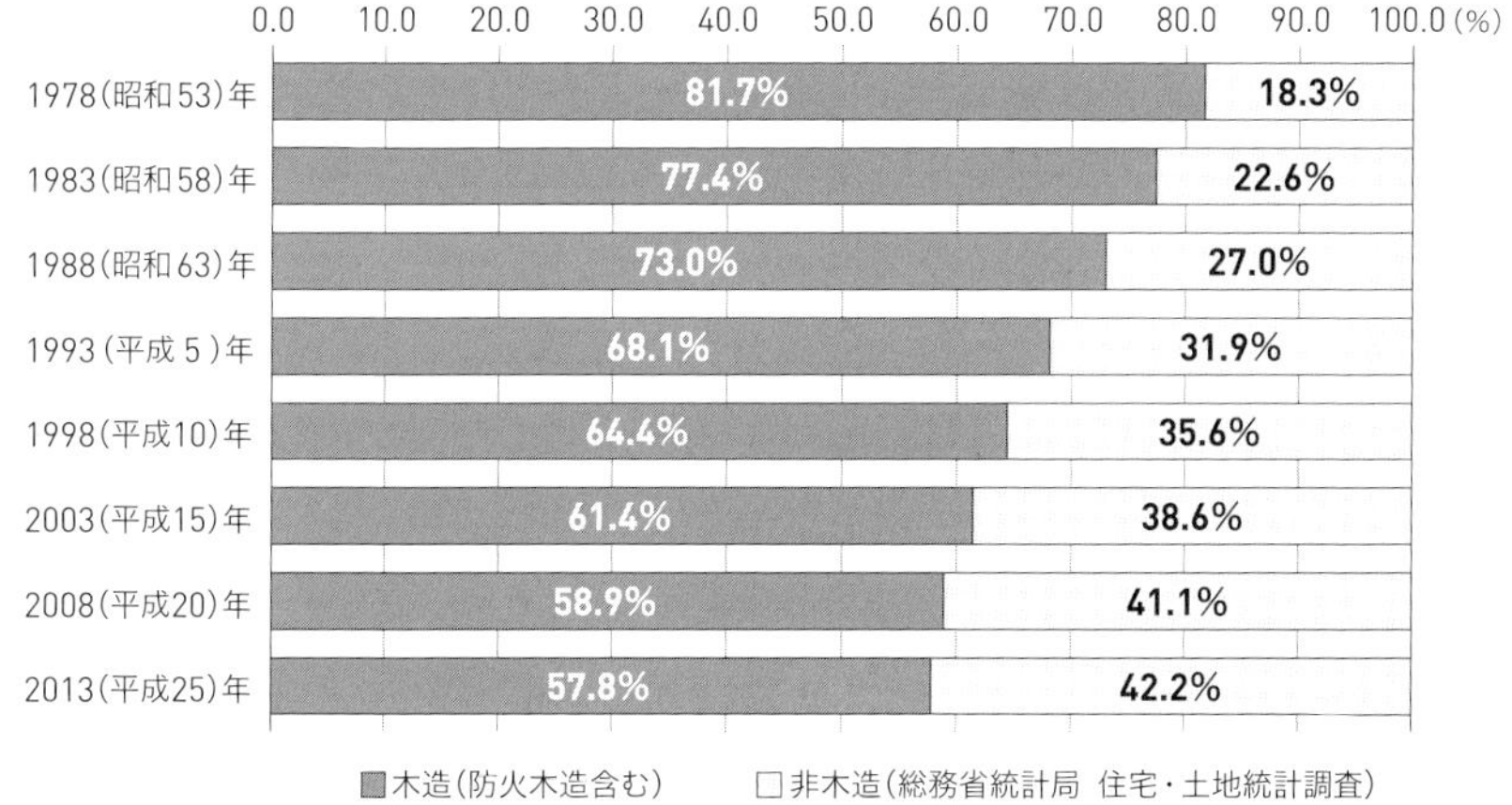

図1　住宅の構造の変化

次の世代の子どもたちにどう伝えていくか」、これがいま私たちが抱える大きな課題だと思われる。

住文化教育の実際

では実際に子どもたちは、住まいの文化について、どのように学んでいるのだろうか。和の住まいや居住文化の学習については、現行の学習指導要領のなかでも「伝統や住まいに関する教育の充実」という柱によって、教育が推進されている。これからは、国際社会のなかで異なる文化や歴史をもつ人たちと共存していくために、まず子どもたちが自分の国の伝統文化について理解を深めていくことが求められる。

実際の住文化についての教科書を見ると、さまざまな視点で住文化を学ぶ機会があることがわかる。まず小学校では、三、四年生の社会科の授業に「昔のくらし」という単元があり、ここでは昔の生活道具がどのように発展してきたのかを学んだり、両親が子どもの頃の住まいや、祖父母の住まいや生活などについて、家族との対話

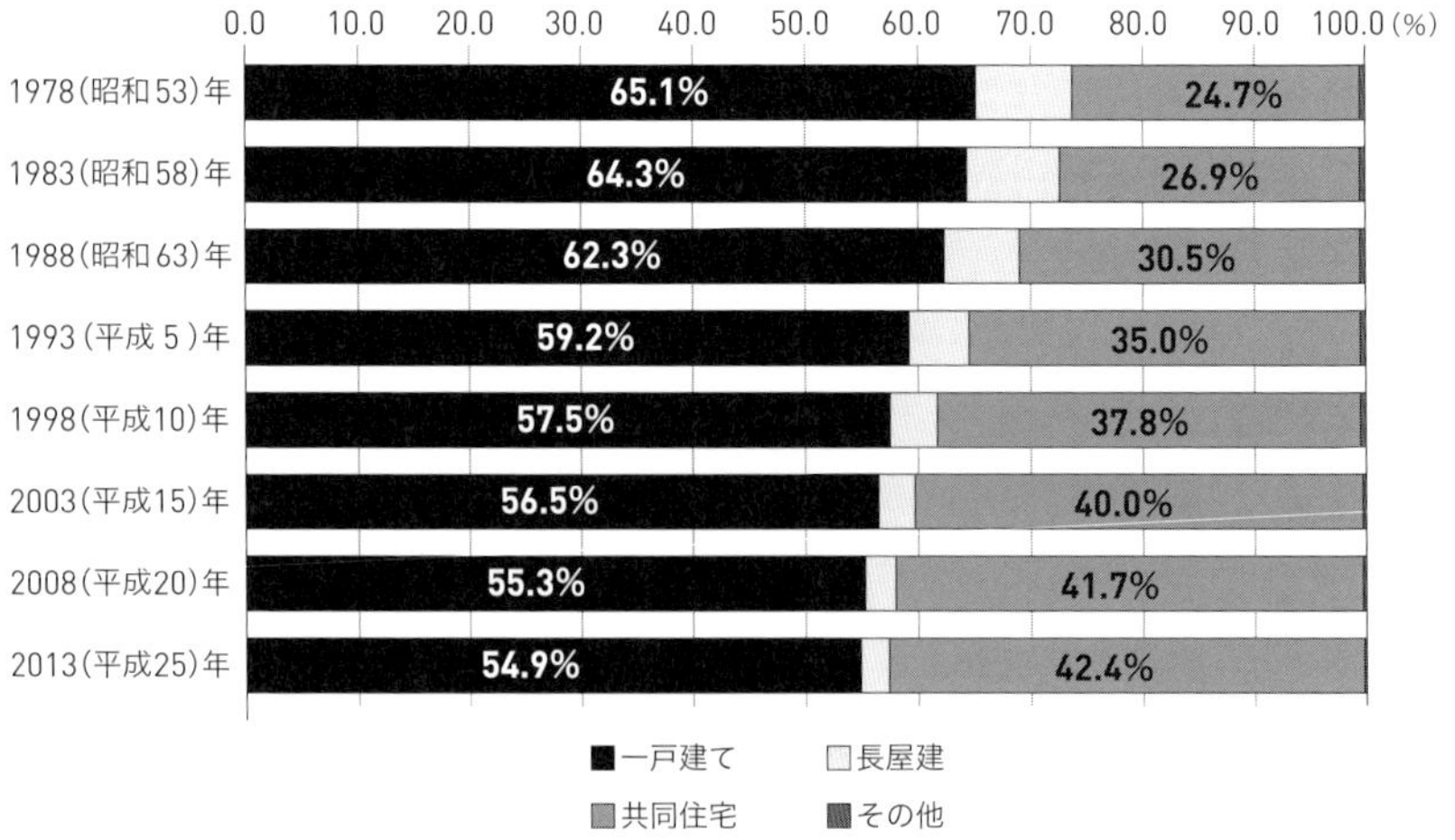

図2　住宅の建て方の変化（総務省統計局　住宅・土地統計調査）

のなかから学んでいく。六年生にもなると、社会科の授業で日本の歴史を学ぶ際に、寝殿造りや武家の住まい、京都の街並みといったものが教科書に出てくるようになる。

また学校教育のなかで、住まいや住生活について最も体系的に学ぶ教科は、中学・高校の家庭科である。中学は一九九三年より、高校は一九九四年より家庭科が男女共修となり、すべての生徒が住教育を受ける機会をもっている。中学校の教科書では「洋室と和室の機能の違い」や、「和室の転用性」といった話から、「伝統的な住まいの名称」として、畳、襖、障子、囲炉裏、床の間といった基本名称とともに、その役割などを学ぶ。高校になるとさらに専門的になり、町家の間取りの特色や、座敷のしつらえの名称や役割について学ぶようになる（図3）。

こうして教科書のなかでの住教育が充実していく一方で、現代の生活は和の住文化との距離を感じずにはいられない。障子や襖、床の間などはかつてどこの家にもある当たり前のもので、子どもの頃から自然と名前くらいは覚えるものだったが、いまは障子や襖でさえ、学校の教科書のなかで学習し、知識として身につけるものへと変わってきてしまっている。

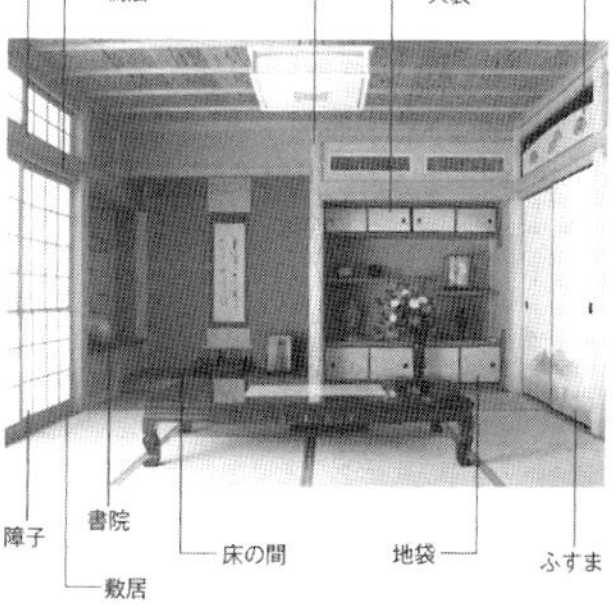

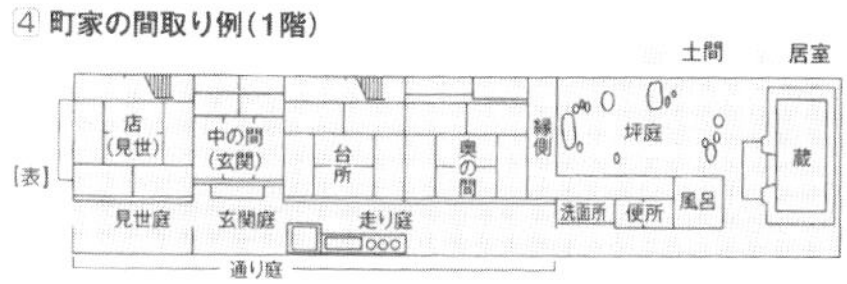

図3　高校の家庭科教科書の記述例（『家庭総合』東京書籍、2013年）

現代っ子の和の住生活理解度と経験

事実、いまの子どもたちは想像以上に和室との接点が少ない。いまの大学生や小学生たちが、和の住まいや住生活について、どう理解し経験しているのか、調査をおこなった。調査は、大阪教育大学の学生一四一名に、実家の住まいについて回答してもらうというもの。全体像としては、一戸建てと集合住宅の割合は二対一、和室がない住宅に住んでいる学生は一〇%と意外と少ない結果だった。

はじめに、和室の基本要素が実家にあるかないかを答えてもらったところ、いくつか特徴的な結果が表れた。たとえば、「敷居」については五〇%を超える学生が「ある」と回答したのに対し、「鴨居」については約一〇%しか「ある」と回答していない。敷居があれば鴨居もあるのが当然であるが、おそらくそれらが何であるのかを理解できていない結果である。

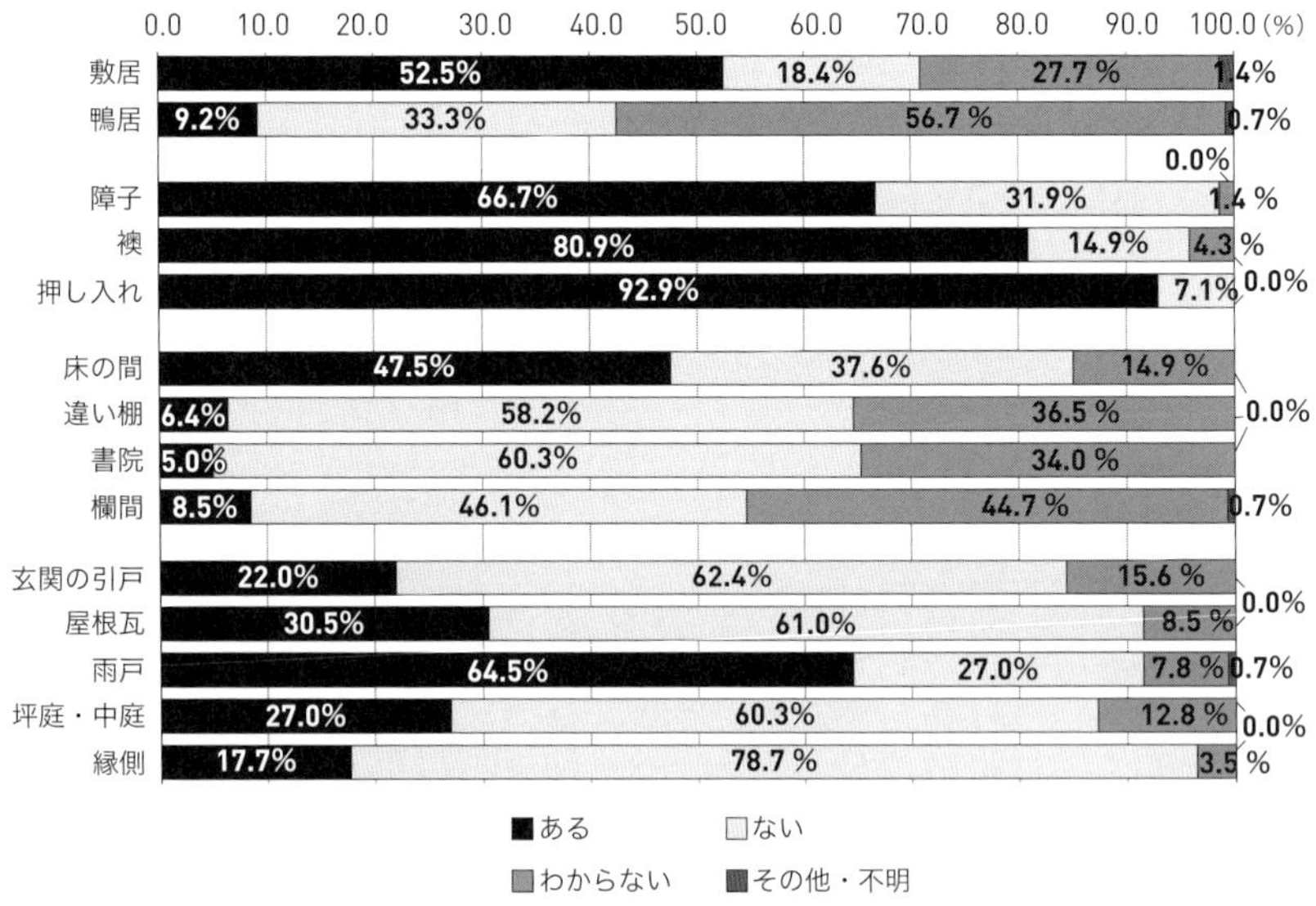

図4　次のものが、自宅にありますか？

次に、和室の基本的なしつらえの理解度について、友だちに説明できるかどうかを「説明できる」「自信がない」「それが何かわからない」の三段階で答えてもらったところ、「鴨居」は七〇％、「欄間」は六〇％が「それが何かわからない」と回答。実際に授業をしていても、床の間を「ゆかのま」と読んだり、納戸を「のうと」と読んだり、「梁」や「土蔵」という字を正しく読めない学生が徐々に増えている。それだけいまの若い人の実生活から「和の住まい」が遠のいているといえる（図４・５）。

さらに、大阪近郊にある八尾市の小学生約三〇〇人を対象にした、和の住生活体験についての調査結果だが、この地域は一戸建てに住んでいる小学生が大半で、「玄関先や庭をほうきで掃く」や「季節によって敷物や飾り物をかえる」といったことは比較的多くの小学生が家庭で経験していた。しかし、「障子や襖の張り替えや、破れの繕い」「障子や襖をはずす」「畳を上げて掃除する」につ

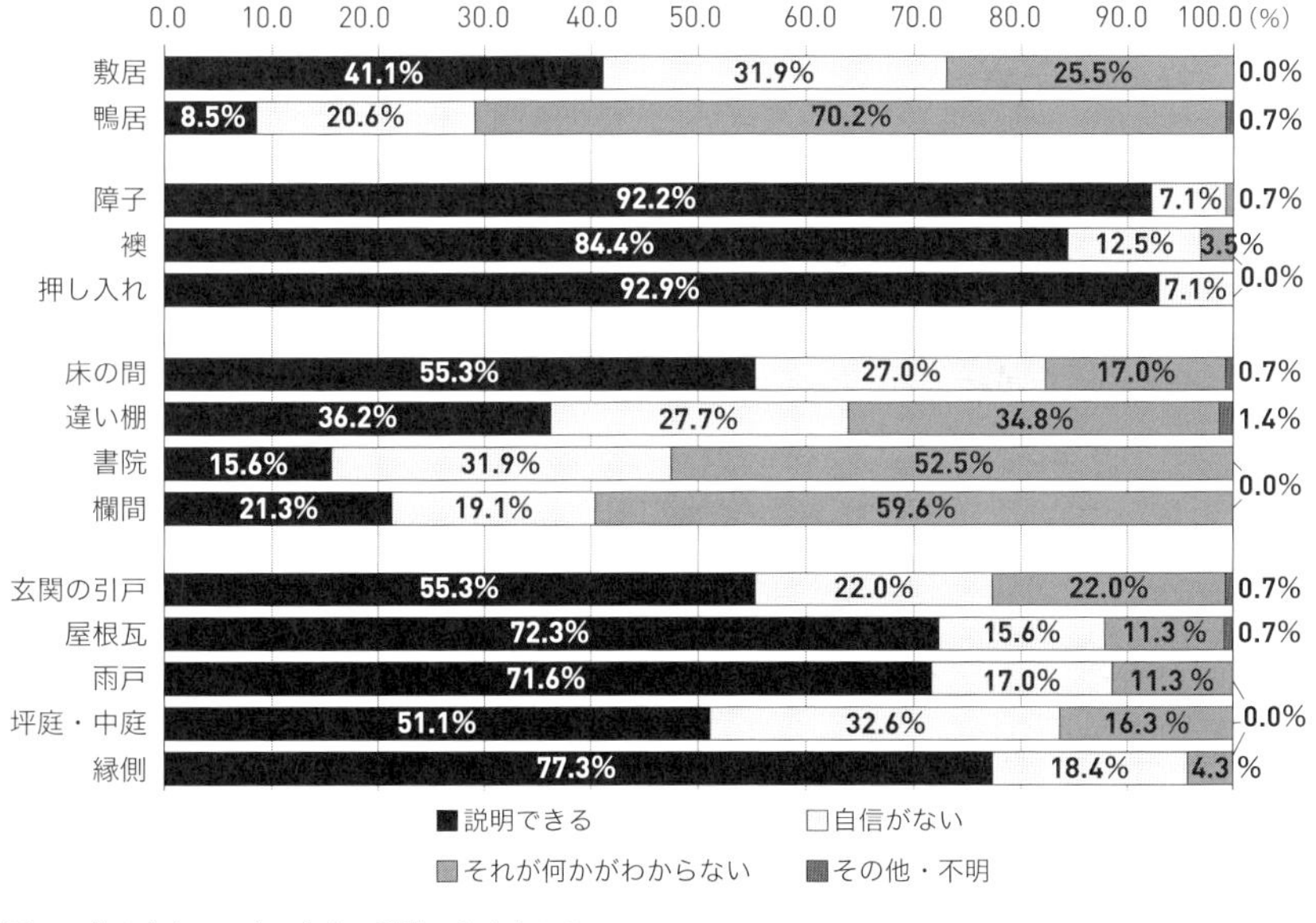

図５　どんなものかを、友人に説明できますか？

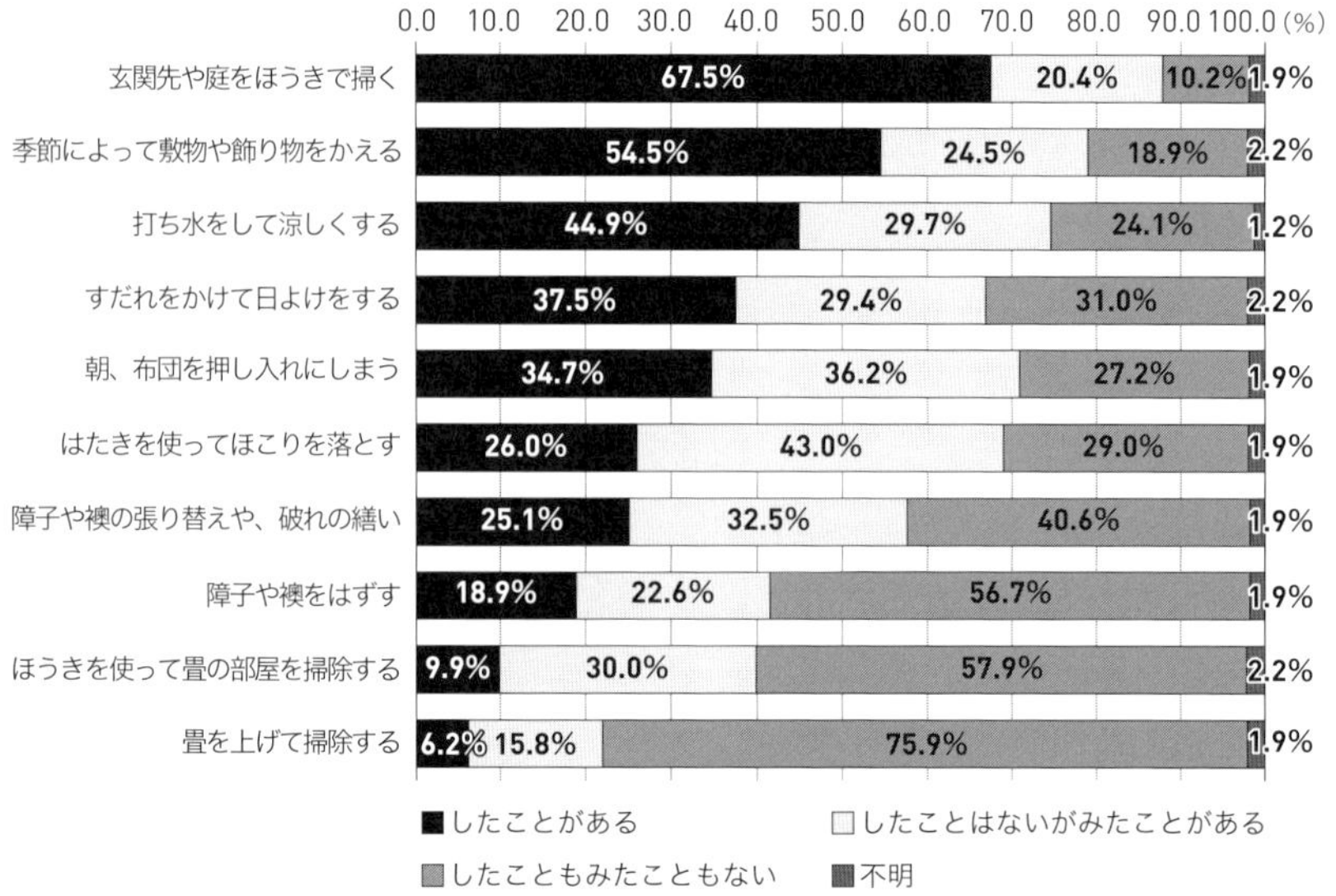

図６　小学生にみる家庭での「和の住生活」体験

いては、「したこともみたこともない」という小学生がかなり多かった（図６）。

こうした体験の傾向をみていくと、家に和室があり、しかもそれが続き間である場合には体験の割合が比較的高く、祖父母と同居または接触が頻繁である家庭も、和の住生活体験が比較的高いという結果が得られた。しかし実際には、そうした条件が揃う家庭はそれほど多くはない。和の住まいや和の生活は、もはや家庭生活のなかで自然と伝承する可能性は低く、何らかの働きかけがなければ、伝承されにくくなっている。

体験から継承へ

こうした状況を受けて、私どもは和の住まいとの距離を埋めるような実践活動をはじめている。京都府八幡市にある国指定重要文化財「伊佐家住宅」を地域に開放し、さまざまな季節の行事を近所の人たちと共有しながら和の住文化への理解を深めようとするもので、活動をはじめて約五年が経過した。

この「伊佐家住宅」は、元庄屋の民家で、いまでも継承した家族が生活を続けている。戦前戦後の生活聞き取り調査によると、伊佐家では、毎月のように住宅や敷地を管理するための決められた仕事があったという。五月は長蔵の害虫駆除、六月は夏建具・敷物の入れ替え、八月は井戸替えや水路の清掃、植木の剪定《せんてい》をして、九月には冬建具や敷物をまた入れ替える。そして一二月に、大掃除やすす払いで一年を締めくくる。こうした季節ごとの仕事をおこなうことで、二百数十年にわたって「伊佐家住宅」は守られてきた。それは、家族の力だけではなく、出入りの近所の人たちの力も借りておこなわれてきたことも忘れてはならない（図7）。

そこで「伊佐家住宅」を地域の人に知ってもらうようなイベントを催し、建物の特徴だけではなく、家事労働や住生活の変化について、ご近所向けのミニ講座を定期的におこなっている。こうした活動を通して、重要文化財の民家を地域で守っていく意識へとつながり、さらなる存続につながるのではないかと考える（図8）。

住教育の実践活動については、和の住生活が縁遠くなった子どもたちに対して、各方面でさまざまな試み

月	敷地や建物の管理に関わる年中行事
5月	長蔵の害虫駆除
6月	夏建具・敷物入れ替え（17日）
8月	井戸替え（井戸の掃除）、水路の清掃、植木の剪定、垣結い（竹藪まわりの垣の整備）、大掃除
9月	建具・敷物を冬用に入れ替え（15日）、竹切り
10月	木透かし（雑木の剪定）、柴づくり（焚きつけ用に柴を束ねる）
11月	樋かけ（竹樋のかけ直し）
12月	糠小屋の掃除（13日頃）、笹そろえ、すす払い（23日）、注連縄づくり（25日）、大竈の塗り替え

1月～4月、7月は行事なし。

図7　伊佐家住宅における季節ごとの敷地・建物の管理（1981年伊佐節子さん・リツさんへの聞き取り調査から）

注：町田玲子氏（京都府立大学名誉教授）による。疋田洋子編『ずっと、この家で暮らす——住まいの管理がつむぐ美しい生活』（圓津喜屋書房、2009年）。

がみられるようになった。その一方で、たとえ自分の家が洋風の住まいでも、それは日本風にアレンジされた洋風であって、昔から続いている歴史や文化、建築技術の上にあるということを理解してもらう必要があるのではないか。重要文化財の民家と自分が暮らしている家を、別世界のこととして捉えるのではなく、あくまでも同じ時間軸のなかで変化してきたものと捉えることが必要である。そうすることで子どもたちは、その文化をいまも大切に維持し、継承している人に対して敬意の念を抱くようになるのではないだろうか。また、住まいは定期的な維持管理が重要で、それを継続することによって次の世代に受け継がれていくということも、何らかのかたちで子どもたちに伝えていきたい。

座敷でひな祭り（2月）

土間のかまどで炊飯（2月・6月）

竹明かりの展示（6月）

ミニ講演会（7月）

見学会での解説（9月）

歴史研究会と連携した講演会(9月)

図8　伊佐家住宅での公開・活用の試み（2013年2月〜）

5 住まいが「受け継がれる」ための条件とは

祐成保志（東京大学大学院准教授）

「受け継がれる住まい」という言葉から、読者の多くは、「建築時に近い状態で保存された住宅」を思い浮かべるだろう。確かに、この言葉が指し示す内容の中心には、そうした住宅が位置している。しかし、「受け継がれる」も「住まい」も、かなり幅のある言葉である。ここでは、住宅研究の周縁に位置する社会学の立場から、「受け継がれる住まい」という言葉がもちうる意味の広がりについて考えてみたい。

「住まい」

「住まい」は、住宅という「モノ」よりも、住むという「コト」に着目した言葉である。改めて考えてみると、「住む」という動詞は興味深い性質をもっている。たとえば、「着る・食べる・住む」のうちで、「住む」には目的語がない。「服を着る」とか「パンを食べる」ということはできても、「家を住む」とはいえない。この単純な事実は、住むことと住宅の関係が、食べることと食物の関係や、着ることと衣服の関係とは異なることを示している。

食物がなければ食べるという行為は成立しない。同様に、衣服がなければ着るという行為は成立しない。住宅がなくても住むという行為は成立しうる、といえば意外に聞こえるかもしれないが、住宅と住むことの関係は、じつはかなり緩やかである。「大阪を食べる」とか「日本を着る」などといえなくはないが、やはり無理がある。これに対して、「村に住む」「都会に住む」「地球に住む」などといっても、何の違和感もない。

この緩やかさは、住宅と住まいの関係についても当てはまる。「住宅」は、法的な規制の対象であり、市場で流通する商品でもあるので、基本的に、特定の土地や建物が住宅かどうかは画定されているし、その内と外は明確に区別される。これに対して、「住まい」の境界は住宅の境界とは一致しない。そもそも、ある場所を住まいと見なすかどうかは主観的な判断だからである。

同じ土地や建物が、誰にとっても同じように住まいとしての意味をもつとは限らない。それは、ある住宅の価値が、ある人にとっては高く、別の人にとっては低い、というような量的な違いにとどまらない。一つの住宅に暮らす世帯のなかでも、ある人はそのなかのごく一部だけを、別な人はその住宅を超えた広い範囲を住まいと見なし、また別の人は、その住宅をそもそも住まいとは見なしていないというような、質的な違いが含まれる。

その判断は論理的というよりも感覚的なものである。住まいは私たちに、快適や安心、あるいは違和感や不快をもたらすが、それらは言葉で表現しがたい要素を多く含んでいる。記憶が不意によみがえってくるのと同じように、ある空間に身を置くことで、自分でも予測していなかった感覚が生じることがある。

とはいえ、こうした主観的で感覚的な判断は、まったく何の脈絡もなく生じるわけではない。それらは社会的なものでもある。判断の仕方は一定の範囲の人々の間で、ある程度は共有されている。住まいの姿が地域ごとに異なっており、時間の経過とともに変化するのはそのためである。

そして、判断が共有されないときや、できなくなるときには争いが生じる。自分とかけ離れた判断基準をもつ人、もしくはどんな基準をもっているのか見当が付かない人と隣り合って住むこと、ましてや住まいを共にすることになれば、大きな緊張を強いられる。それを乗り越えられるかどうかは、住まいの形成にとってきわめて重要な分岐点である。住まいの社会学の古典的な成果が、人種関係の分析から生み出されてきたのは偶然ではない。

住むことは、まず環境のなかのある領域を自らの住まいであると認識することからはじまる。さらに、その領域を安心や快適を感じられる場として整え、隣接する他者との協力を通じて維持することによって、住まいがつくられる。このとき投入されるのは、金銭に換算できるコストだけではない。居住者自身の日々の生活にも、管理や投資の要素が含まれている。

つまり、住むことは、単に環境を利用するだけでなく、環境を改変する、さらには作り出す創造的な側面をもっている。食べることで食物は分解されてしまうが、住宅は住むことを通じて住まいになる。住むことは住宅の消費にとどまらず、それ自体が住まいの生産である。

さて、「住む」という行為の向かう先は、自分の外にある対象のみにとどまらない。住むことは環境を利用したり改変したりするだけでなく、自らを環境に馴染ませる過程でもある。この場合、働きかけは外部の環境ではなく自分自身に向けられる。すなわち、住む人に合わせて住まいがつくられるだけでなく、人は住まいに合わせて自らをつくる。

以上をまとめれば、住むことは環境と身体に対する働きかけであり、住まいはその積み重ねによって生み出される場である、ということになろう。このように考えると、住まいが時間と切り離せない性質をもっていることが明らかになる。住宅は、建造物として完成したときに住まいになるわけではない。

人は時間と手間をかけて住まいをつくる。それは、住まいという貯蔵庫に価値を蓄積することである。蓄えられた価値を引き出すことも、住むことの大事な側面であるということを、付け加えておかねばならない。その端的な例は睡眠と休息である。住まいで過ごす時間のかなりの部分、人は眠っている。また、緊張を解いて休んだり、とくに目的もなく佇《たたず》んだりしている。そのとき人は能動的な主体ではなく、住まいに体を預けている。睡眠と休息は、住まいの機能のなかで最も重要なものである。住まいは、主体性の休止を可能にするからこそ、人間にとって不可欠なのである。

「受け継ぐ」

前項で検討したような住まいの性質を前提にすれば、「どうすれば住まいを受け継いだことになるのか」という問いは、「どうすれば住宅を保存したことになるのか」という問いよりも、はるかに複雑である。はたして、もともと建っていた土地から移築されて博物館のなかに保存された住宅は、「受け継がれる住まい」と呼べるのだろうか。もとの土地に建ってはいるが、住宅としては使われていない場合や、住宅として使われてはいるが、改築が繰り返された住宅については、どう考えればよいのだろうか。

まずは、どのような条件が満たされた場合に、疑問の余地なく「受け継がれる住まい」と呼べるのかを考えるほうがわかりやすいのかもしれない。さしあたり思い浮かぶのは、以下のような条件である。

①形態・材質の不変性
②土地の不変性

③近隣との関連性
④所有・利用の連続性
⑤記憶の連続性

①形態・材質の不変性は、建造物としての住宅の保存にとっては基本的な条件である。工法もこれと関わるだろう。しかし、住まいをつくるための環境への働きかけは、単に建物にのみ向けられるのではない。そこで、②土地の不変性が条件となる。この場合、土地の位置や形状よりも、機能が維持されているかどうかが重要であると考えられる。たとえば、植栽がすべて伐採されてしまった土地は、不変性を保っているとはいえない。その土地自体に直接手を加えなくとも、周辺で大規模な改変がおこなわれることで、土地の性格が変わってしまうこともある。

土地の不変性とも密接に関わっているのが、③近隣との関連性である。住まいとしての住宅は、土地に根差すとともに、周辺の自然物や構築物との関係から切り離すことができない。たとえば、高層建築に取り囲まれ、建設されたときの風景が失われた場合、もとの場所と同じ土地で、建物の原形が保たれたとしても、住まいの意義は大きく損なわれている。

「保存」にとっては、④所有・利用の連続性は必ずしも条件とならない。オリジナルの状態の保存をめざすならば、むしろ、もとの所有者の手を離れ、住宅としての用途が中断されるほうが好都合かもしれない。しかし、「受け継ぐ」という行為は、住むという関わり方と重なり合っている。それが、絵画や彫刻などの作品を所有するのとは大きく異なる点である。

ある住まいで暮らしてきた人々と、それを受け継ぐ人々の連続性を担保するもののうち、わかりやすいのは血縁や地縁である。それを一般化すると、⑤記憶の連続性という条件が導かれる。記憶は、意識的に強化されるだけでなく、意識されないままに維持される。また、記憶は個人的なものであるばかりでなく、集合的に共有される。「受け継がれる」という受動態は、無意識のうちに継承されている慣習や感覚を指しているとともに、その主体も多様でありうることを示している。

さて、この五つの条件のすべてを満たす事例は、現実にはほとんど存在しないと思われる。互いに競合しかねない条件や、社会状況や制度によって大きく左右される条件が含まれているからである。この意味で、「受け継がれる住まい」を完全なかたちで実現するのは、相当にハードルの高い目標である。ただし、①〜⑤のどれかを満たすことは、それほど困難ではない。

すべてを満たさなければならないという厳しい基準は、受け継がれる住まいは「もはやどこにもない」という見方につながり、どれかを満たせばよいという緩い基準は、受け継がれる住まいは「すでにどこにでもある」という見方につながる。

悲観派と楽観派のいずれかに引き裂かれることなく、それらの中庸をめざすならば、主として二つの道があると考えられる。一つは、住宅の保存（先に挙げた条件のうち①と②）に的を絞ることである。もう一つは、①〜⑤のうち、できるだけ多くの条件を、それぞれ部分的にでも実現しようとする方向である。

この二つの方向は、保存についての異なる立場を反映している。ここでは、前者を「実体論」的なアプローチ、後者を「関係論」的なアプローチと呼んでおこう。両者は、①〜⑤のすべての条件が完全に満たされるときには一致するはずだが、それができない場合には（つまり現実の社会においては）、違いが際立ってくる。

実体論は、保存の対象について、要素に分解可能で、再び組み立てることも可能であると考える。具体的には、建造物のかたちや材質、土地の植生や配置を維持することで、保存は実現される。しかし、③〜⑤の条件が扱いにくくなる。それらは要素に分解しがたい性質をもっているからである。

一方、関係論は、住まいが、技能の伝承、土地の来歴、近隣との関わり、交通路、人々の記憶といった関係のなかで成立していると捉える。それらをまるごと保存することはそもそも不可能である。しかし、一つ一つは断片であっても、要所ごとに関係の痕跡が残されていれば、それらをつなぎ合わせて、かつての住まいの姿を浮かび上がらせることは可能である、というのがこのアプローチの考え方である。

それぞれに要請される専門性は異なる。前者には建築や景観の構成力が、後者には歴史や文化の解読力が求められる。それらは長期的、大局的にみれば、相互に補完し合うものである。しかし短期的、局地的にみれば、すれ違うこともありうる。

重層的な縁

「住まい」という一見すると単純な事象は、相当に込み入っている。しかも、住むことはすべての人が経験し、それぞれの仕方で理解している。それゆえ、住まいの多様な現実のうち、どこに重点を置くかは人によって異なる。住まいについての議論が、ときにかみ合わなかったり、焦点を結びにくかったりするのは当然のことなのかもしれない。

「受け継ぐ」という多義的な言葉と「住まい」が結びつくことで、さらに議論は錯綜する。ただしそれは、「受け継がれる住まい」が、限られた専門家にとどまらず、広範な市民に開かれたテーマであることの裏返しでもある。住まいは、居住者自身によってもつくられる。さらには、故郷に残された家屋をお盆と正月にだけ訪れる子や孫たちのように、名目上は居住者ではない人々（いわば「潜在的な居住者」）でさえも、住まいの生産に関わることができる。

これまでも人と住まいの結びつきは変わってきたが、これからの数十年は、人口の減少（住宅の過剰）に伴って、かつて経験されたことのない変化が起きるのかもしれない。

東京オリンピックを控えた一九六三（昭和三八）年、日本の人口は九六一六万人、世帯数は二一八二万だった。この年の住宅数は二一〇九万戸で、世帯数と住宅数はほぼ釣り合っていた。二〇一三（平成二五）年の人口は一億二七三〇万人で、半世紀の間に約一・三倍に増加した。世帯数は人口の伸びよりもはるかに速いペースで増えて五二四六万となった。

二〇一三年の住宅数は六〇六三万戸である。住宅数は三倍近くに増えた。そして全国の住宅延べ面積（居住世帯がいる住宅のみ）の合計は四九・五億平方メートルに達する。一九六三年には一四・八億平方メートルだったので、三倍以上に拡大したことになる。一人あたりの面積でも二・五倍に広がった（いずれも総務省「住宅・土地統計調査」による）。約八〇〇万戸ともいわれる空き家を含めれば、現在の住宅延べ面積は五〇億平方メートルを大きく上回る。

さて、二〇五〇年の人口は九七〇〇万人程度と推計されている（「日本の将来推計人口」二〇一二年一月）。これは一九六三年の人口とほぼ同じである。二〇世紀後半以降、急激に拡大した住宅のストックと、二一世紀を通じて減り続ける人口の間に生じるのは、「住宅難」ならぬ「居住者難」ともいうべき事態である（祐成保志「縮退時代の住まいのあり方」『新建築別冊　集合住宅の新しい文法』二〇一六年八月刊行）。

労力を提供できる人の数が減ると、さまざまな産業で、後継者難や求人難が深刻化する。「人材」の獲得競争は、産業の間だけでなく、職場と地域・家庭との間でも生じる。誰がどこにどれだけの労力を注ぐかをめぐる駆け引きが激しくなる。そこでの競争力の一つの源泉は、お金である。高い報酬が得られる場所に、力をもった人々が引き寄せられていく。住まいもまた、この争いに巻き込まれる。職場での労働が優先されれば、住まいに手間をかけることは難しくなる。利便性や転売価値の低い住宅からは人が去っていくだろう。

しかし、市場原理だけでは割り切れない要素が、住まいには含まれている。冒頭で述べたように、住まいは主観的な意味の世界に属している。お金に換算できる価値だけでなく、さまざまな「縁」もまた、人を引きつける。血縁や地縁だけでない。嗜好の一致、理念への共鳴、物語の共有は、住まいを受け継ぐための力になる。複数の縁が重なれば、その力はさらに強くなる。実体論的なアプローチにせよ、関係論的なアプローチにせよ、住まいをつくる営みそのものが、縁を結び、あるいは結び直す手がかりになる。

平均的にみれば、徐々に縁が途切れ、やがて無縁の状態に陥り、忘れ去られる住まいは増えてゆく。しかし、それを自然現象のように傍観することはできない。私たちがどのように住まいを受け継ぐかは、どのような社会を選び取るのかという問題にほかならないからである。

第3章

日本の「技」と住まいの「誇り」
——受け継がれる住文化

一般的に、伝統の〝継承〟を求める社会は、次々と新たな発展をめざす前向きの社会というよりも、一見すると保守的で変化を求めない、後ろ向きの社会をイメージさせるかもしれない。幕末からはじまった日本の近代社会も、脱亜入欧をテーマに常に変化・発展し続けてきた。しかしながら、たどり着いた結果としての今日の姿をみると、変化・発展のさらに先にみえてきた理想社会こそ、実はかつての継続性のある安定した社会ではないかと思う。

今日の日本における建築や街並みの保存再生などのさまざまな出来事やもがきこそ、実は、技術だけに依存した変化・発展を優先した社会への反動ではないのか。そして、人々がその反動としてめざした成熟した市民社会こそ、〝継承〟という行為を大切にする社会であり、それゆえ人々が歴史的建造物の保存再生といった行為に駆り立てられているのではないかと思う。いずれにせよ、経済第一主義の考えを超える新しい社会へと変化していくためにも、〝継承〟は必要かつ重要なものといえるのだ。

ところで、私は日本住宅の歴史研究をおこなっていることもあって、より直接的に〝継承〟を問われる機会に出会うことがある。外国人研究者に会うと、よく聞かれるのが〝現代住宅では畳敷きの部屋をあまり見ないが、畳敷きの部屋は消滅してしまうのか？〟ということだ。

畳は外国人、とりわけ欧米人からみればきわめて日本的な暮らしぶりを象徴するものにみえるようだ。欧米のイス座とは異なる〝ユカ座〟と表裏一体の存在で、さらには、材料に自然素材を使うのはもちろんのこと、素足で歩き、肌で触れることによる素材感を大切にしていることなど、日本人の暮らしに対する考え方が畳に集約されているように感じているようなのだ。

確かに、一九三〇（昭和五）年に早稲田大学建築学科創設の中心人物であった建築家・佐藤功一は、「住宅建築」（『アルス建築大講座合本　第三巻』所収、一九三〇年）のなかで「跪式の正座に坐法が統一されたのは世界に於いて日本だけであり、椅子に統一されたのは西洋だけである」とし、「坐法に於ても亦《また》日本と西洋とは両極端にある」と述べている。

この解釈が正確かどうかは別にして、戦前期の住宅の近代化を牽引していた佐藤も注目したように、日本の住宅は物理的環境としての住まいの違いだけではなく、住まいのなかで展開されている暮らしぶりや起居形式もまったく西洋とは異なっていたと考えられていたのである。とりわけ、床に座る・しゃがむという起居形式は、さまざまな生活行為にも共通してみられる身体技法であり、台所は座り流しで、洗濯もしゃがんでおこない、便所も蹲踞《そんきょ》の姿勢を採っていた。

戦後直後、住宅の規模制限などのなかで新しい生活の提案が模索されていた頃、家具デザイナーたちが競って、座の位置の低い椅子を提案していたが、それはイス座とユカ座という伝統的起居様式の融合化の一つの試みでもあり、そうした試みが建築分野からインテリア分野へ展開しはじめたことを示す動きでもあったといえる。

くだんの外国人は、こうした伝統を捉え、〝畳〟はどうなるのかと尋ねていたのだ。そんなとき、常に私は、〝畳〟はなくならないと答えている。それは、たとえばかつては劣悪な住環境の住まいとして取り上げられていた京都の町家に住みたいという若者が、近年増えはじめていることからも想像できる。すなわち、伝統とは無縁の近代化された住まいで育った現代の若者たちが、新鮮な感性で伝統的な住まいや住環境に触れ、その魅力に取りつかれたことを示していると考えられるからだ。伝統的住まいと暮らしぶりにいつでも出会える環境があれば、私たちはそうした住まいや生活を懐かしみ、その良さを再確認する感性をもっていると思う。

いずれにせよ、そのためにも、いつでも伝統を確認できる歴史的建造物を継承していくことが求められるのだ。和室離れやユカ座生活離れの現象がよく指摘されるが、畳とともに和室の要素であった襖・障子の建具、あるいは庭と連続する開放性といった空間特性なども、今後の私たちの生活のなかでどう継承していくのか。畳の需要が減り、イグサ生産業は縮小化され、人工的な化学畳へと移行している状況をどう受け入れていくべきかといった問題もある。繰り返すが、伝統の継承とは、伝統的形式を守ることであるが、同時に伝統を過去のものとせず、生きたものとして変化・発展させることも継承の一つのかたちであるように思う。したがって、ここでは住文化の継承について多面的に語ってもらうことにした。

（内田青蔵）

6 明治から戦前期の〝和洋折衷化〟にみられる和の住まい

内田青蔵（神奈川大学教授）

いま何を継承すべきなのか

日本では、これまで解体の危機が迫る歴史的建造物の保存運動がどんなに盛り上がろうとも、結局は壊されて更地になっていく光景が幾度となく繰り返されてきた。現行の日本の制度の下では、古さよりも新しさのほうに価値があるかのようであり、古い建物が残っていくことは難しい。一方ヨーロッパでは、何百年も続く建物がいまなお街の景観として尊重され、それらを保護しようとする市民の意識も高く国の制度も整っている。

ヨーロッパに行くと、古い建物を大切にして暮らしている人の多くが「うちの建物は古くていいでしょう」と誇らしげに建物のなかをみせてくれる。しかし日本の場合は、「古さは恥」との意識からか、「うちの家は古くて恥ずかしいからみせられない」と建物の見学を拒否されることが多い。

この違いにはいつも驚くが、それでも古いものよりも新しいものに価値があるとするのは、日本の性急な近代化の過程で起きた一時的な価値観にすぎないのではないかと私は考えている。なぜならば、日本人のなかにも、独自の生活文化を大切に受け継ぎ、古きを重んじる価値観がきちんとあり、西洋文化が流入してきた明治以降の住宅である「和洋折衷住宅」の成立のなかに、日本人が伝統的な文化を守り、継承しようと立ち向かってきた姿勢を見いだすことができるからである。

日本で洋風化の勢いが強まるにつれ、当時の建築家のなかには「伝統的な文化の何を残し、どのように継承していくべきか」を考え、新しい住宅づくりに挑んだ人々もいたのである。そうした建築家たちの問題意識を探ることで、現代の私たちが「いま何を継承するべきか」、その道筋をみつけるヒントがみつかるように思う。

洋館を軸とした近代日本住宅の変容過程

和から洋への変容の歴史を振り返ると、洋館を軸とした近代日本住宅の成り立ちを知ることができる。江戸時代には、いわゆる伝統的な和館（在来住宅）だけが建てられていたが、明治期に入ると上流層の住まいとして、和館の横に洋館がつくられる「和洋館並列型住宅」（図1）がみられるようになる。以後、これが明治期における大邸宅の一つの形式となっていくことになる。当時は国策としても洋風化が奨励されていたため、生活自体も次第に洋風化され、その過程で住まいも「和館」が主だったものから次第に、「洋館」が日常生活の場へと移行していくという現象が起きてくる。

いずれにせよ、和館の脇に洋館を構える大邸宅のスタイルは、やがて中

図１　和洋館並列型住宅

流層の住まいにも影響を与え、玄関脇に洋風の応接室が付いた「和洋館並列型住宅」を縮小した形式が定着しはじめることになる。

一方、明治末期頃になると、大邸宅の「和洋館並列型住宅」に和館がなくなり、和館の代わりに洋館のなかに「和室」を取り込むという新しい形式が現れはじめることになる。ただ、和室といっても出現しはじめた頃のものは、大壁《おおかべ》〔柱を外部に表さない壁〕造に上げ下げ窓という洋館の部屋の床に畳が敷かれただけのものだった（前期洋館単独和室吸収型住宅）。それが次第に、畳を敷いただけのものから伝統的な座敷飾りを備えた座敷のスタイルへと変化し、大正後期以降は床の間や違い棚〔二枚の棚板を左右に食い違いに取りつけたもの〕とともに縁側が設けられ、建具も襖や障子の「和室」へと変化していくことになる（洋館単独和室吸収型住宅）。また、外観上も当初は、純洋風のスタイルで統一したものであったが、伝統的形式を取り入れた「和室」が定着すると、引き違い窓や掃き出し〔開口部が底面の位置まである窓〕などが外観に表出することになり、外観にも少しずつ伝統的要素がみられるように変化していくことになる。

そして昭和期以降になると、もっと自由に施主の生活スタイルのなかで、洋風（イス座・大壁・上げ下げ窓・ドア）と和風（ユカ座・真壁《しんかべ》〔柱を外面に見せた壁〕・引き違い窓・引き戸）が選択され、「和室」と「洋室」の混在するスタイルが定着しはじ

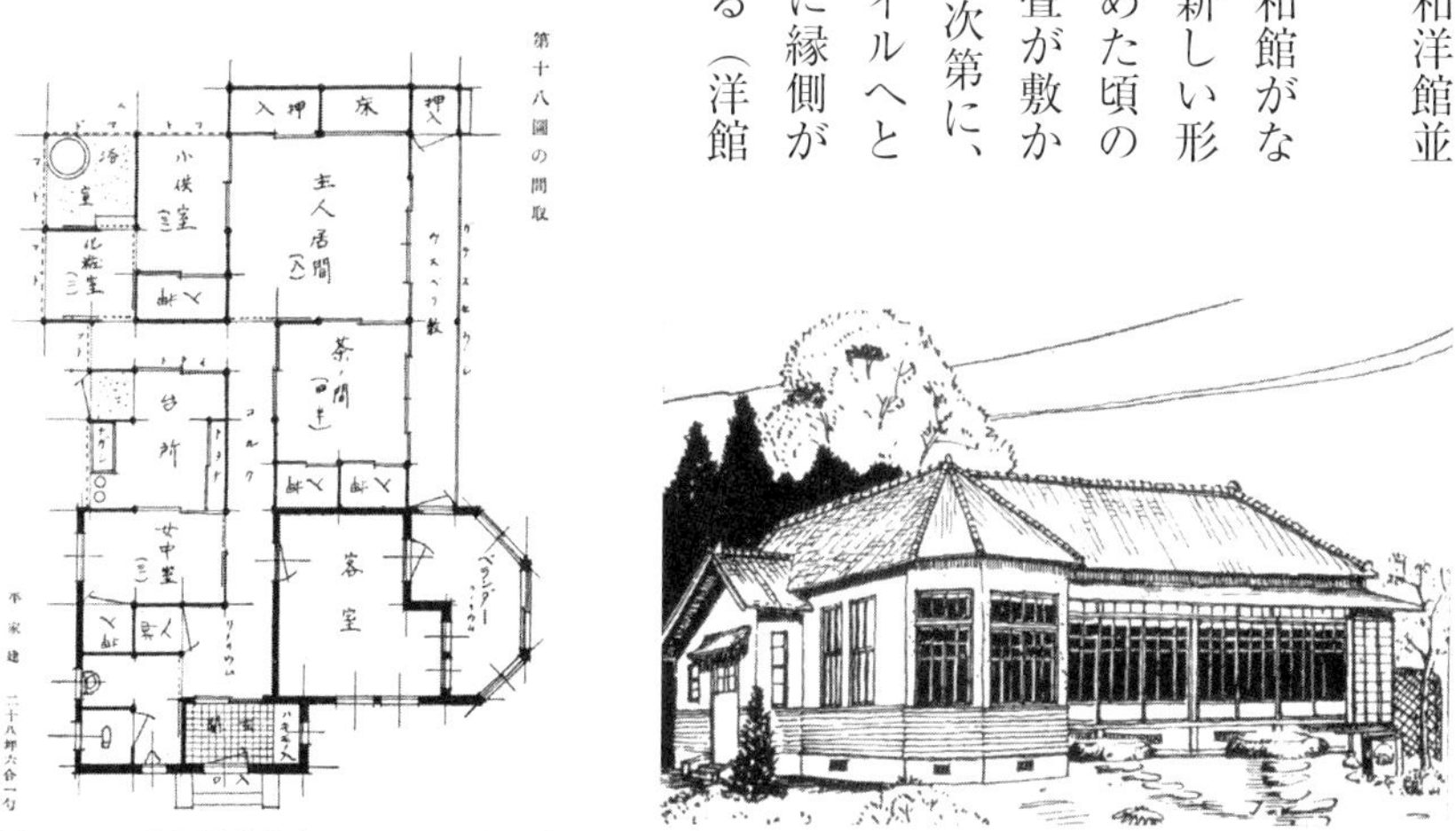

図2・3　和風折衷住宅の平面図・外観（保岡勝也『和風折衷小住宅』1927年）

めることになる（外観洋風内部和室・洋室混在型住宅）。

このようにして、和と洋がぶつかり合いながら生まれた「折衷化」の過程のなかで、日本独自の住宅スタイルが生まれていったのである。

折衷化に対する建築家の試み

では、こうした折衷化の流れのなかで、建築家たちは伝統建築とどのように向き合い、どのような試行錯誤を繰り返したのか。大正期から昭和期にかけて、和洋折衷化と積極的に向き合ってきた建築家に注目しながら、もう少し彼らの試みを見てみたい。

1．洋室の和室化・外壁の大壁化——保岡勝也（一八七七～一九四二）

大正時代に中流層向けの中小住宅の折衷化を積極的に試みた最初期の建築家・保岡勝也は、伝統的和館に洋室を、西洋館には和室をそれぞれ導入することを試みた。たとえば、和館の玄関脇に洋風の応接室（客室）が付くような住宅の場合、応接室周囲の玄関や便所なども含め、正面の外観としてみえる部分の外壁を大壁とし、裏側にあたる外壁は真壁とするというような、真壁と大壁という和と洋からなる外観のみえ方の巧みな調整がおこなわれている（図2・3）。

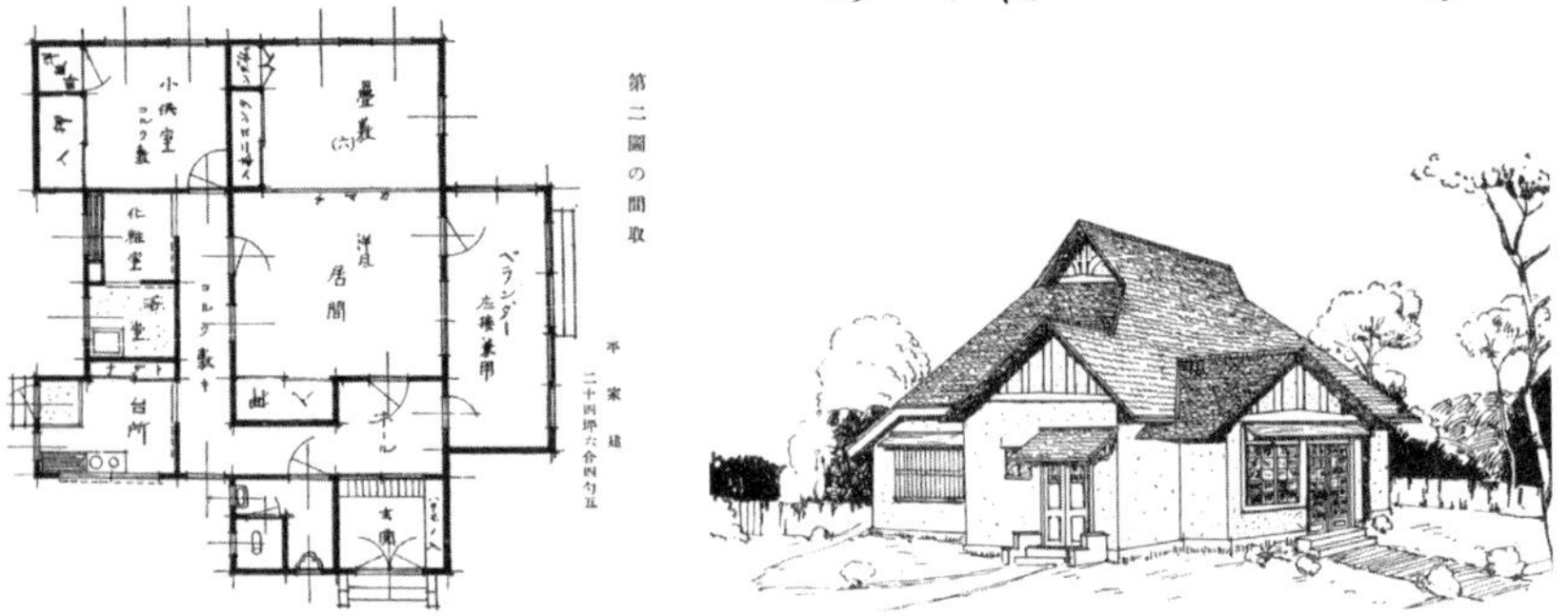

図4・5　洋風折衷住宅の平面図・外観（保岡勝也『洋風折衷小住宅』1927年）

一方、洋館の場合は、付属屋的に真壁造の座敷を付加したり、より積極的な折衷方法として洋室の居間の一部を畳敷きとして箪笥置き場や仏壇を設けたり、玄関部も履物の着脱の場として内土間と靴箱を設置している（図4・5）。また、より丁寧な建物の場合は、畳敷きの部屋は、襖・障子の建具や床の間、また、内壁は真壁として長押《なげし》〔柱と柱をつなぐ水平材〕をめぐらすといった、積極的に和を取り込むさまざまな試みもみられる。

2. 真壁造洋風住宅——山本拙郎（一八九〇～一九四四）

同じく大正時代の建築家・山本拙郎は、伝統的な構法である真壁造を採用した洋館をつくることにこだわった建築家であった。山本は、真壁造は日本の長い歴史のなかで受け継がれてきた日本に最もふさわしい建築構法であるとし、「これからの住まいは、イス座の生活スタイル（近代化）を受け入れながら、伝統的な建築様式は継承すべきだ」と主張したのである。そして、その主張をもとにした住宅を自邸で試みた。外壁は大壁、内部は真壁とし、また、開口部は日本の住まいには引き違い窓が合うとして積極的に採用し、各部屋は生活に合わせて板敷きあるいは畳敷きを併用していた。山本は、このスタイルを日本にふさわしい洋館とし、自ら「真壁造洋風住宅」と称した（図6・7）。

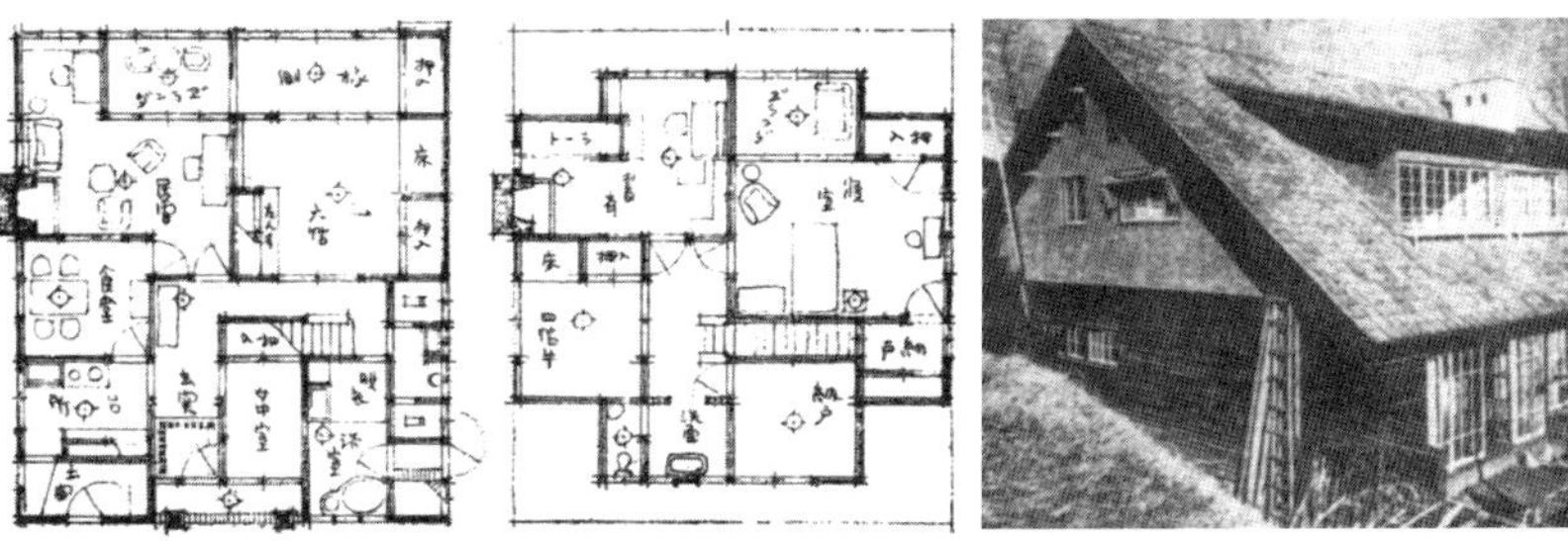

図6・7　真壁造洋風住宅の平面図・外観（『住宅』1923年３月号）（山本拙郎邸・外観写真）

3. 通風・採光を重視した「健康住宅」——山田醇（一八八四〜一九六九）

山田醇《じゅん》は、大正の終わりから昭和初期にかけて、「健康住宅」という理念を提唱した建築家であった。折衷化の流れを受けて、生活スタイルは洋風・イス座を取り込みながら、西洋のような閉鎖的な住まいではなく、通風と採光を重視した日本の気候風土に適した住まいのあり方を研究し、実践していった。

山田は、新しい住宅のモデルを海外住宅に求めた結果、イギリスのハーフティンバーの外観が日本の真壁造のものとよく似ていて親近感があるとし、これを取り入れた住宅づくりを積極的に展開した。ただ、実際の設計では、純粋なハーフティンバー構造ではなく、大壁の外壁に柱型部材を加えてハーフティンバーに見えるようなつくり方を採用していた。間取りは、通風・採光を重視するために、日光投影図や、冬至や夏至の太陽高度から、庇《ひさし》の出や軒の高さ、建物の向きを決定するという手法を編み出し、独特の理論をもとにした設計を実践した（図8・9）。

4. 科学的側面からの折衷化——藤井厚二（一八八八〜一九三八）

藤井厚二は、山田とほぼ同時期に科学的側面から日本の風土にあった住まいづくりをおこなった。基本的な主張は山田と類似していたが、そのデザインは幾何学性を重視したモダンデザインをめざしていた。

図8・9　山田醇設計の住宅・閑院宮邸外観（左）、食堂（右）

図10・11・12　聴竹居平面図・外観・内部

藤井厚二『聴竹居図案集』

藤井は、当時おこなわれていた西洋館の導入という方法に対して、欧米と日本の気候風土の違いをもとに疑問を呈していた。そして、自ら、日本の気候風土に適した住まいを科学的に追究するため、五回にわたり自邸として実験住宅を建設した。平面計画や外観デザインの追究を繰り返すとともに、住宅内外の温度や湿度の変化の考察をもとに、通風を確保するための床下換気口や小屋裏の通風窓の計画をおこない、日本の気候風土に適合した住まいを提案した。実験住宅としての集大成といわれるのが、五回目に建設された「聴竹居」（一九二八年）だ。外壁は大壁、内部は真壁でつくられ、板敷き・イス座の生活スタイルを主としながら、畳座敷の床レベルを高くすることで、イス座空間とのバランスをとるなど、イス座とユカ座の新しい融合が試みられた。また、和風とも洋風ともいえないモダンなデザインは、藤井独自の「日本趣味」として、新たなスタイルを確立したといえる（図10〜12）。

5．真壁の大壁化による折衷——吉田五十八（一八九四〜一九七四）

ル・コルビュジエが桂離宮を見て、「線が多すぎる」といったという話があるように、伝統的な真壁は壁面に柱や鴨居など建築部材が露出し、デザインとしてみると線が多すぎてうるさく感じることがある。明治以降の新しい住宅の多くは、洋風化のなかで、大壁と真壁が混在していた。吉田五十八は、大壁の建築では柱が壁のなかに隠されていることに注目し、真壁のうるささを、大壁を意識的に取り入れることで、構造部材を隠したり、あるいは露出させて強調するという方法を考案し、独自のスタイルを生み出した（図13：明朗性の図）。それは、旧来の木割から解放され、大壁と真壁の境界線を消し去るかのごとく見事なもので、「吉田五十八流近代数奇屋」とも呼ばれるスタイルが出現した。

ほかにも、吊束《つりづか》（天井や鴨居を支える短い柱）の廃止や欄間の吹き抜け、新しいデザインの障子、押込戸の考案や、工業生産材料の使用など、さまざまな手法が考案された。

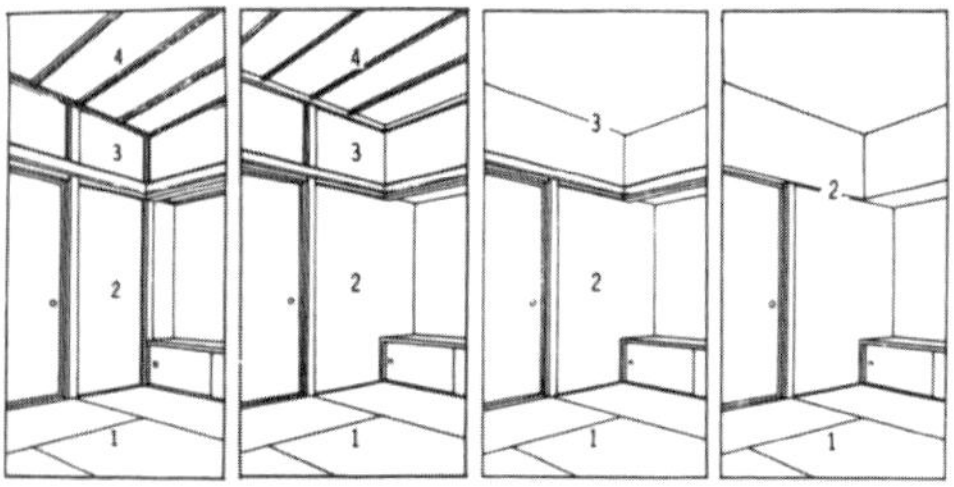

図13　吉田五十八「明朗性の図」

図14・15　岸邸の内外観写真（内田撮影）

戦前期からの和洋と向き合ってきた建築家の歴史を振り返ってみると、和は真壁、洋は大壁という相異なる建築表現の境界線を消し去るかのような吉田五十八の手法は、戦前期に模索された住宅の折衷化の行き着いた最終的な手法だったのである（図14・15：岸邸）。

現代における折衷のゆくえ

戦後もなお和洋折衷の試みは続くが、建築的な面ではあまり大きな変化はみられず、基本的には戦前期のさまざまな試みを洗練させたものといえるし、とりわけ開口部の建具は伝統的な引き違いを中心としたものへ再構成された。そうしたなかでの新しい動きとして、家具デザイナーらによって、ユカ座のような座の低いイス座家具などが考案され、生活スタイルとして和洋融合のデザインが提案された。また、建築家の清家《せいけ》清《きよし》は、伝統的な住宅にみられる「しつらえ」という概念に注目し、移動のできる畳敷きの家具による和洋融合の提案とともに、移動させながら生活空間を変えていくという建築本体以外の家具による折衷化を試みた。

いずれにせよ、現在の住宅や生活は、こうした戦前・戦後のさまざまな試みの結果たどり着いたものであろう。その結果、住宅の規模などは、欧米よりも小さいものだが、質的には欧米の住宅レベルに近づいたともいえる。その意味では、改めて今後の住まいの進むべき方向性を考える時期にあるように思える。そのためにも、これまでの試みやその意味を振り返りながら、私たち自身が、和と洋の境界線や、折衷化の過程で失ってきたものや得たものの意味について、もう一度、考え直すことが求められるように思う。

7 郊外の住生活に残る和の要素

梅本舞子
（千葉大学大学院・日本学術振興会特別研究員）

核家族サラリーマン世帯の住生活にみる和

明治以降から戦前にかけての庶民住宅の多くは、畳で敷き詰められた居室「和室」で構成されていた。なかでも、床の間を備える「座敷」は高い格式性を有し、他の居室とは明確に区分され、最良の位置に確保された。そして日常的には家長である主人の居室として、慶弔祭祀の多人数接客時には座敷に続く次の間と一体化して使われた。

しかし現在、婚礼・法要行事は外部施設でおこなうことが一般的となり、客も自宅へは招かず、宴会場やレストラン、喫茶店を利用することが多い。また住まいには、ソファーセットやダイニングテーブルをはじめとしたイス座家具とともに、板張り仕上げの洋風化した居室が普及している。

このような現代の住生活に、「和」の要素は残っているのか。

ここでは、一九八〇年代以降に建てられた一戸建て住宅と、その住まい手を対象とした調査をもとに、和室と和の住生活の今後を探っていきたい［注1］。主に都市郊外に建てられた新築住宅と、そこに住まう核家族サラリーマン世帯が調査対象である。彼らの多くは、他地域からの流動層であると想定されるため、家づくりにおいて血縁や地縁による伝統性を継承しにくい特性を備えている。

[注1] 一九八〇年代のデータは、九州大学青木正夫研究室、二〇〇〇年代のデータは、大分大学鈴木義弘・九州女子大学岡俊江共同研究チームによる。詳細は、一九八〇年代は①②、二〇〇〇年代は③～⑧の文献を参照されたい。
①九州大学青木研究室「中流住宅の平面構成に関する研究（3）」『住宅建築研究所報』一九八五年、一一一～一二六頁。
②岡俊江、竹下輝和、青木正夫「接客空間とだんらん空間を指標とする類型化と平面構成の考察――現代の中流住宅の平面構成に関する研究 第1報」『日本建築学会計画系論文集』第三八三集、六四～七三頁。
③切原舞子、鈴木義弘、岡俊江「平面構成・希望用途からみた座敷への住要求構造の分析 現代における住宅計画のための室要求構造に関する研究その1」『日本建築学会計画系論文集』第六三三号、二〇〇八年一一月、二三〇一～二三〇八頁。
④鈴木義弘、岡俊江、切原舞子「居間中心型住宅普及の動向と計画課題に関する研究」『住宅総合研究財団研究論文集』第三五号、二〇〇九年三月、一四三～一五四頁。
⑤切原舞子、鈴木義弘、岡俊江「現代独立住宅における座敷の使われ方と存在意義について 現代における住宅計画のための室要求構造に関する研究その2」『日本建築学会計画系論文集』第六三四号、二〇〇九年九月、一九五一～一九六〇頁。
⑥切原舞子、鈴木義弘、岡俊江「夫婦の就寝形態の特徴と寝室・私的領域の計画課題について現代における住宅計画のための室要求構造に関する研究その3」『日本建築学会計画系論文集』第六六〇号、二〇一一年二月、二八一～二八六頁。
⑦鈴木義弘、岡俊江、切原舞子、湯浅裕樹「居間中心型住宅計画論の研究――和室の存亡と環境工学的アプローチを加えて」『住総研研究論文集』第三八号、二〇一二年三月、一四九～一六〇頁。
⑧湯浅裕樹、鈴木義弘、岡俊江、切原舞子「多様化の時代における分譲独立住宅平面構成の経時比較分析 わが国の独立住宅における住要求に関する研究 その1」『日本建築学会計画系論文集』第六九〇号、二〇一三年八月、一七二三～一七三二頁。

激変する「和室」の位置づけ

まず指摘できるのは、「和室」の激減である。一九八〇年代、二階にも和室が少なくとも一室は見られたが、二〇〇〇年前後の調査ではほとんどみられない。一階の和室についても、八〇年代は続き間座敷を含む二室以上の和室を設ける住まいが三割みられたが、現在は和室をもたない住まいが四分の一を超える（図1）。さらに床の間の有無に着目すると、八〇年代は八五％にみられた床の間も、いまやわずか一五％である。そのサイズも、かつて主流であった一間床から、現在は半間サイズへと移行している。

このような、「和室はあっても一室」の現在の住まいを戦前の住宅と比較すると、和洋の逆転現象があることに気づく。かつて玄関脇の応接間のみが洋室であったが、現在は和室が唯一残された畳空間であり、「ハレの空

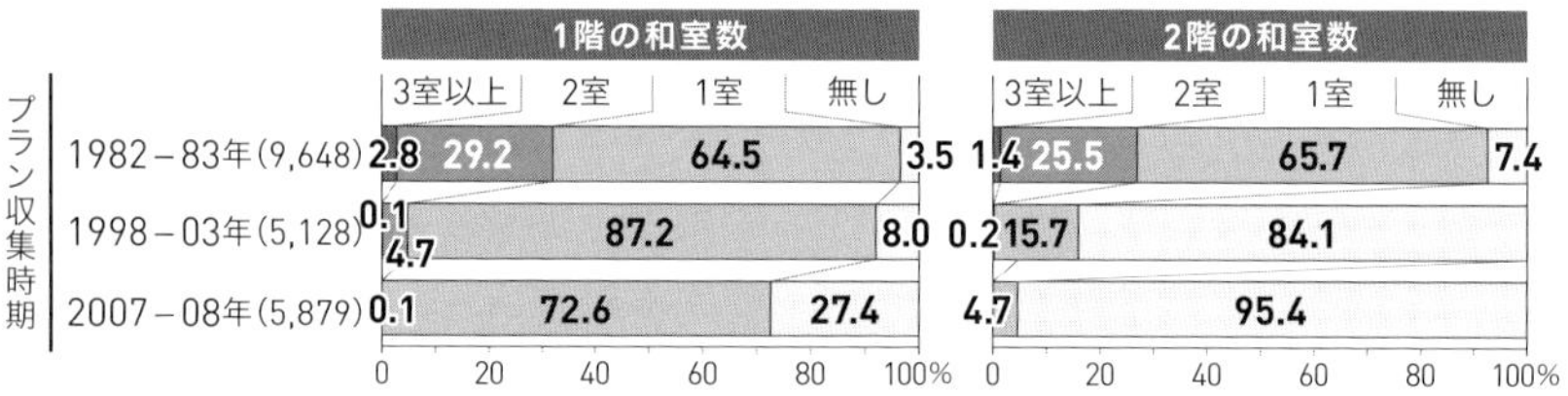

図1　和室の数【出典：注1の文献⑧より】

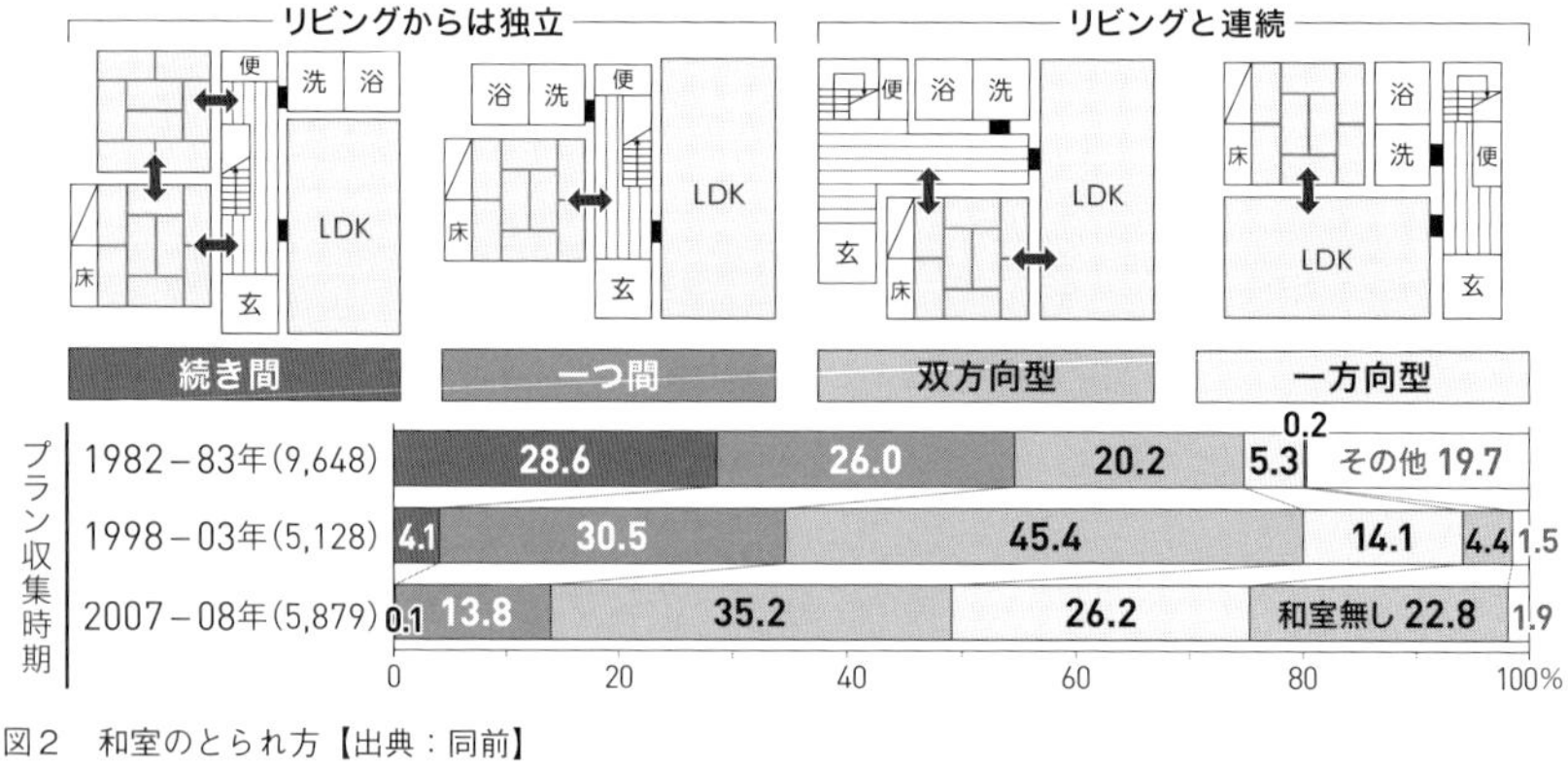

図2　和室のとられ方【出典：同前】

間」として強く意識されている。着物が日常着から、ハレの日にまとう服へと変化したように、和室もハレ着化しているのである［注2］。

ただし、和室の設けられ方は、リビング（居間）に付属するかたちへと変化しつつある。八〇年代、和室は玄関脇に独立して設けられるケースが過半を占めていたが、現在はリビングと連続するタイプが六割にのぼる。なかでも、リビングからしか和室にアクセスできない間取りが急増している（図2）。さらには、二階への動線となる階段も、リビングに取り込まれる傾向にある（図3）。これは、主要な居室への動線をリビングに集約した「居間中心型」の間取りである。筆者らはこの「居間中心型」が、二〇〇〇年前後から全国的に急増しており、住宅規模にかかわらず、一定数存在することを発見した（図4）。

実はこの「居間中心型」は一九二二（大正一一）年の建築家らによる提案が嚆矢であり、封建的家父長制に基づく接客本位から、家族本位への転換を意図した平面計画であった。しかし、現在に至るまで一般には普及せず、居室への通り抜けが生じない「中廊下型」が、長らくわが国の典型であり続けた［注3］。八〇余年を経た近年になって供

［注2］この点は、以下の文献にも紹介されている。小林秀樹『居場所としての住まい』新曜社、二〇一三年、一九三頁。

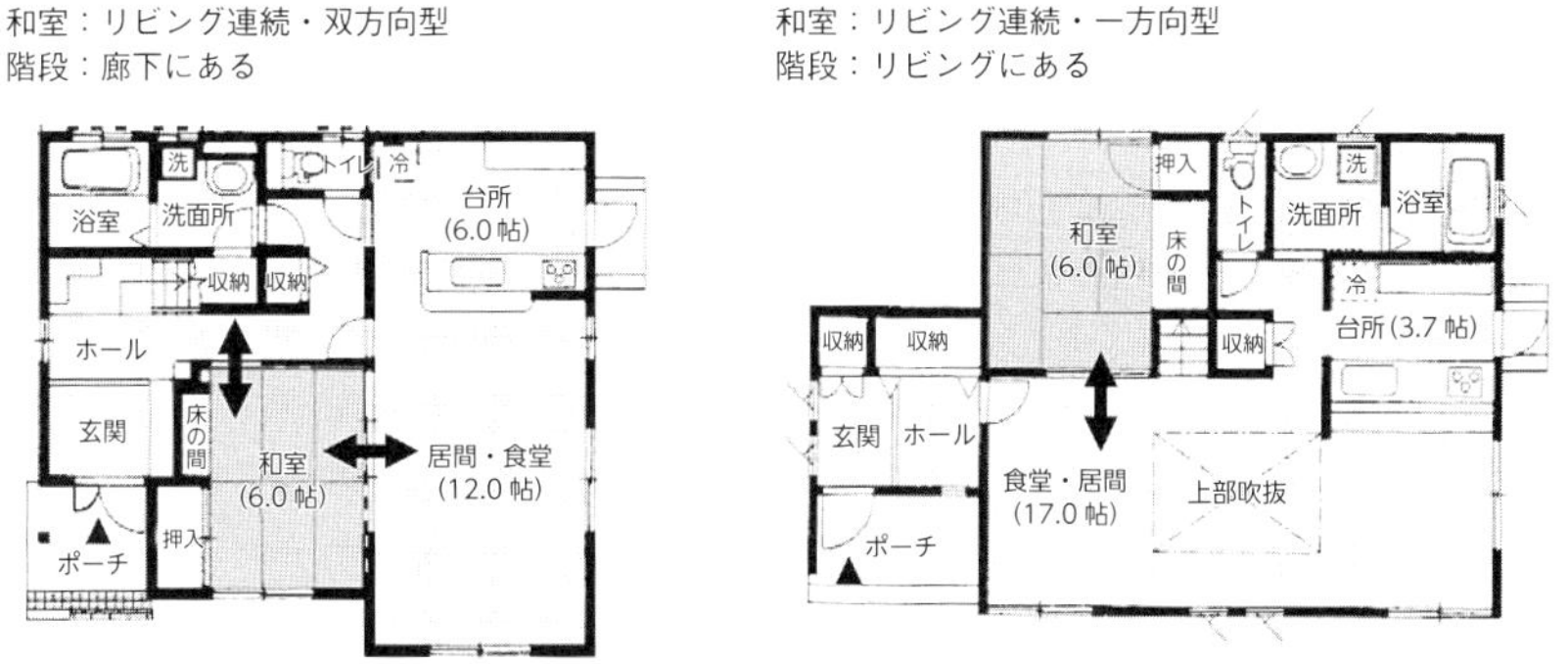

図3　左：中廊下型の例　右：居間中心型の例【出典：2007の新聞折込広告掲載の建売より】

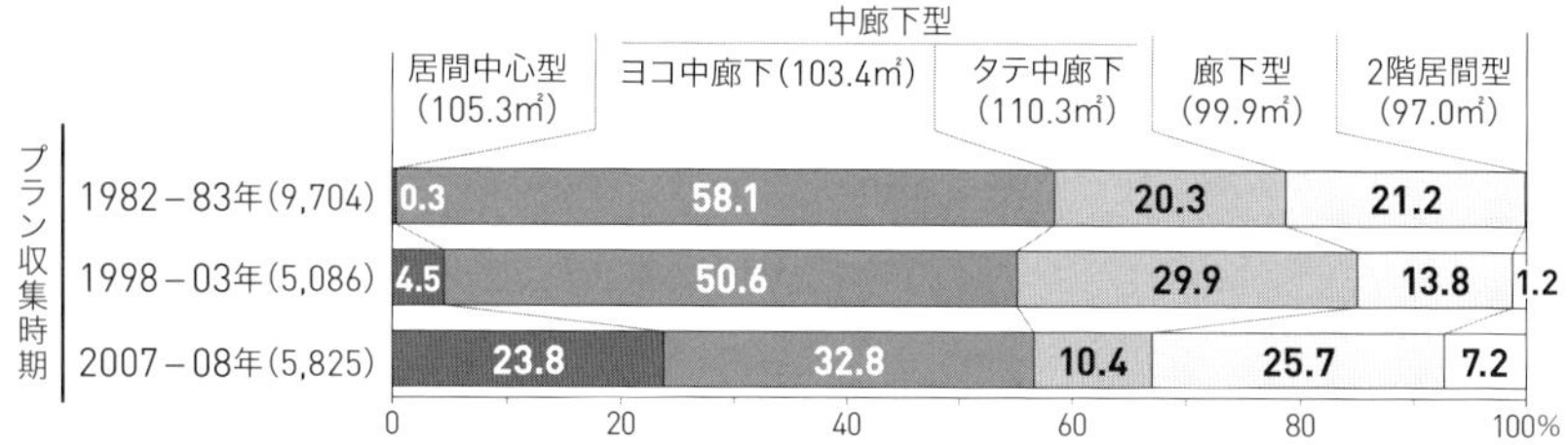

図４　動線計画【出典：注１の文献④より】

給数が急伸した背景には、居間に階段を設けることを可能とした空調設備技術の向上のほか、「家族中心」のコンセプトへの再評価があることがわかってきている。

以上の一戸建て住宅にみられる、和室の減少・リビングの付属室化の傾向は、集合住宅ではより顕著であろう。

背景にある接客様式の変化

「和室」をとりまく状況が変化する背景には、住生活における第三者との関わりの機会の激減があると考えられる。現在、家で忌事・慶事をおこなう世帯はわずかであり、「来客」の中身も様変わりしている。八〇年代の調査において、改まった客の訪問はほぼ全世帯にみられたが、二〇〇〇年代では四割にとどまる。訪問者は、両親、兄弟・親戚、友人等のきわめて親しい間柄の者が中心であり、訪問頻度も年に一回から半年に一回という世帯が半数を占める。実際に来客の応対に和室を使う世帯は、八〇年代の七五％に対し、いまや三割である。

つまり、床の間を備える和室の減少や、家族の共用空間であるリビングとの連続化の背景には、接客空間としての和室の存在基盤の低下があると考えられるのだ。また、明治末期に中廊下型の間取りが成立した背景に、女中や接客動線と家族生活の分離があることを考え合わせると、居間中心型の急伸は、これの裏返しで、来客動線への配慮の必要性の低下を意味するものと思われる。

変化していないもの・継承されているもの

　ところで、和室減少の供給実態は、必ずしも居住者ニーズを反映しているわけではない。住宅取得後の調査において、「やはり和室が欲しかった」あるいは「床の間を設けたかった」とするニーズは根強い（図5）。

　では、なぜ和室を必要とするのか。やはり接客利用への希望が根強いことがわかっている。ただし、格式性へのイメージは大幅に減少している（図6）。これに対し、近年の調査で顕著なのは、さまざまな用途に対応できる融通性の高い空間としての評価である。和室を接客のみならず、家族生活にも用いるのは、伝統的住宅の次の間にもみられた住まい方である。和室が一室となり、かつ接客機能が弱まった結果、融通性への評価が前面に出てきたものと考えられる。

　和室の融通性を示す住まい方の一つに、就寝利用がある。幼い子との添い寝の際、成長した子と親が一階と二階に分かれて寝る際、あるいは夫婦が別々の部屋で寝る際など、いずれのライフステージにおいても、一階に設けられ

〔注3〕中廊下型住宅の発展過程については、下記を参照されたい。青木正夫、鈴木義弘、岡俊江『中廊下の住宅』住まいの図書館出版局、二〇〇九年。

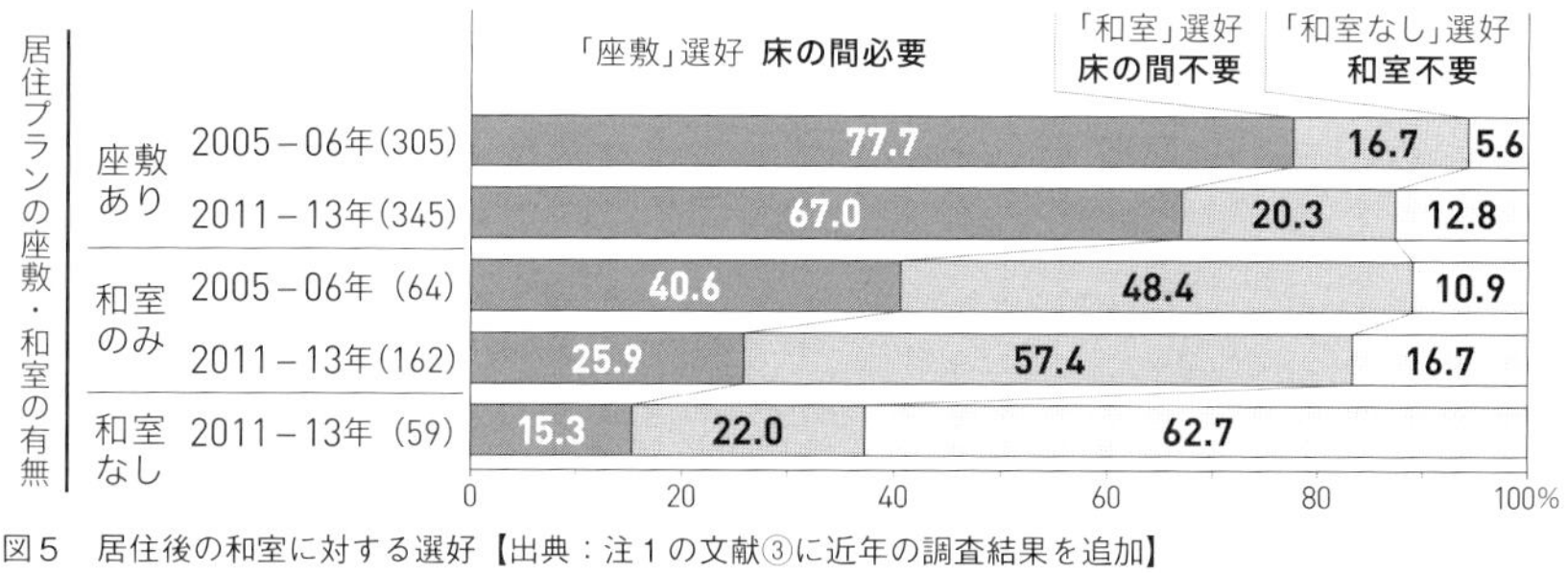

図5　居住後の和室に対する選好【出典：注1の文献③に近年の調査結果を追加】

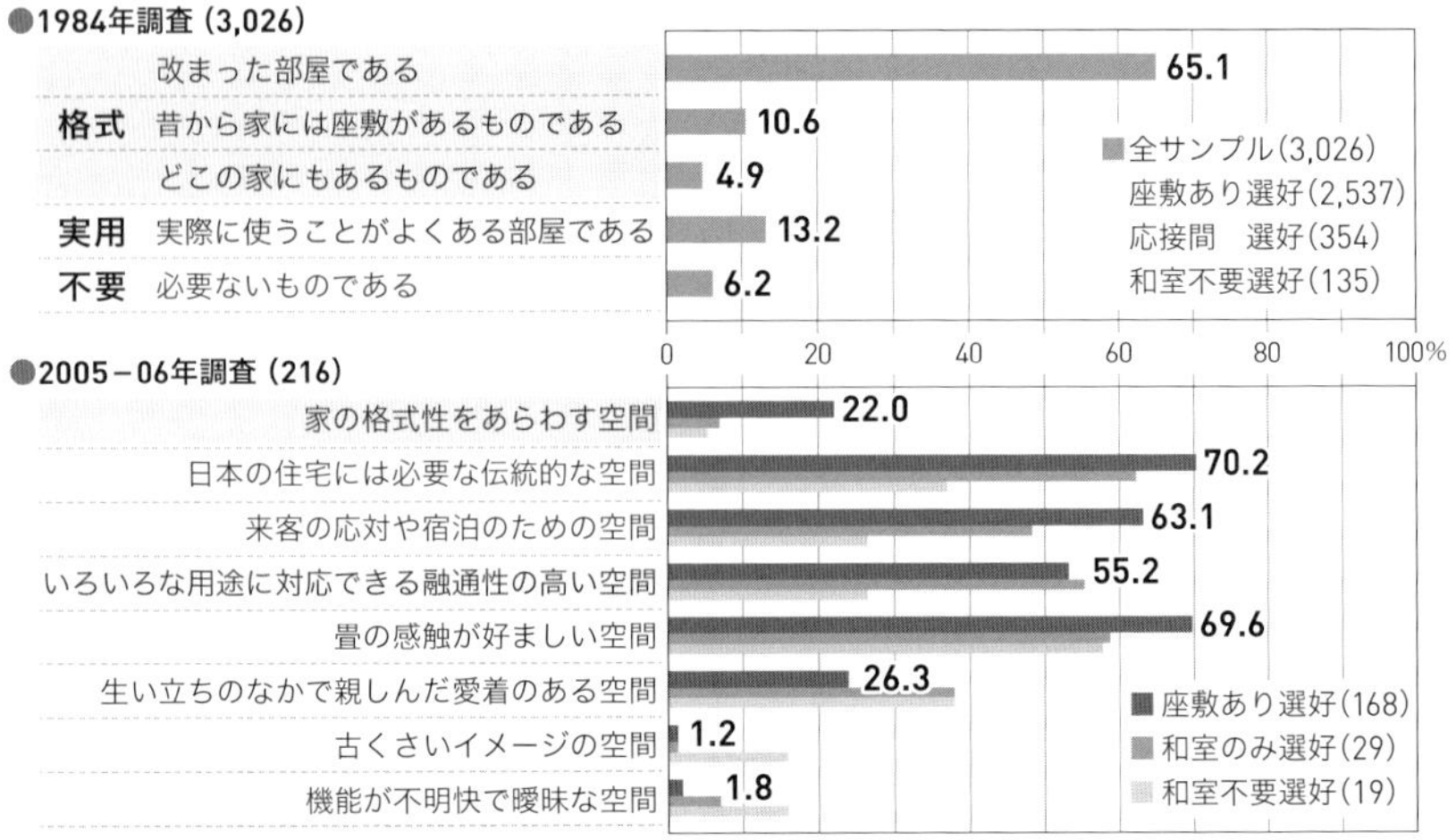

図６　和室に対するイメージ【出典：注１の文献⑤より】

た和室の就寝利用が二～三割の世帯に認められる（図7）。

　これには、日本人の流動的な就寝形態が深く関わっている。子が幼いうちは、親子関係、なかでも母子関係が優先される。そのため、子が中学生になる頃までは、父母と子の同室就寝のほか、母子同室・父親別室の就寝形態も一定数みられる（図8）。さらに子が巣立ったあとも、夫婦同室にこだわるわけではなく、夫婦が別々の寝室で就寝する例も二～三割みられる。その結果、結婚時から子が成長するまでに同室就寝を継続する例は六五％にとどまる（図9）。子が独立別居した中高年世帯を主な対象とすれば、この数値はさらに低下するであろう。また、同室就寝を継続していても、寝室移動を伴うケースもある。

　母子関係を優先させ、夫婦同室にこだわらず、寝室の位置も流動的な就寝形態は、直接的には、床に布団を敷いて寝る形式によって支えられている。加えて、一階に設けられ、ＬＤＫと近接する利便性を備えた和室が、これを容易にしていると考えられる。

　融通性のある暮らしは、起居様式にも表れている。リビング・ダイニングの洋間に、ソファーや応接テーブル等のイス座家具を用いる洋風スタイルが七割と主流であるが、実際の生活ではソファーを背もたれに床上に座る日本人の特異性はたびたび指摘されている（図10）。また、こたつ付きの座卓などのユカ座家具を併用する例も三割と少なくない。洋風スタイルを取り入れながらも、床上生活は継続されているのである。

和室は消滅するか

和室の減少やリビングの付属室化、中廊下をもたない住まいの急伸など、住まいのかたちは変化している。しかし、室機能を固定しない融通性のある暮らし、母子関係優先の流動的な寝方、ユカ座の起居様式など、和の住文化は現代にもなお継承されている。

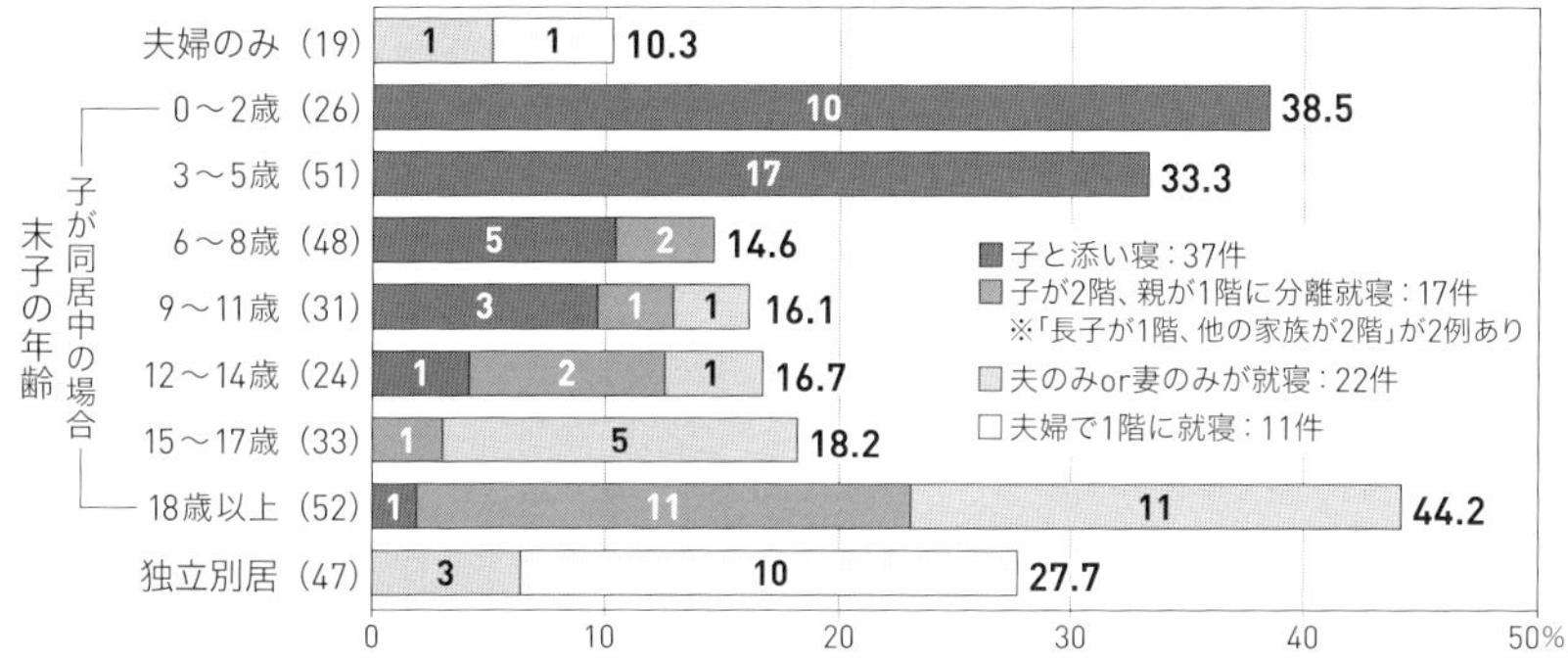

図７　一階和室の就寝利用の内訳【出典：注１の文献⑥より】

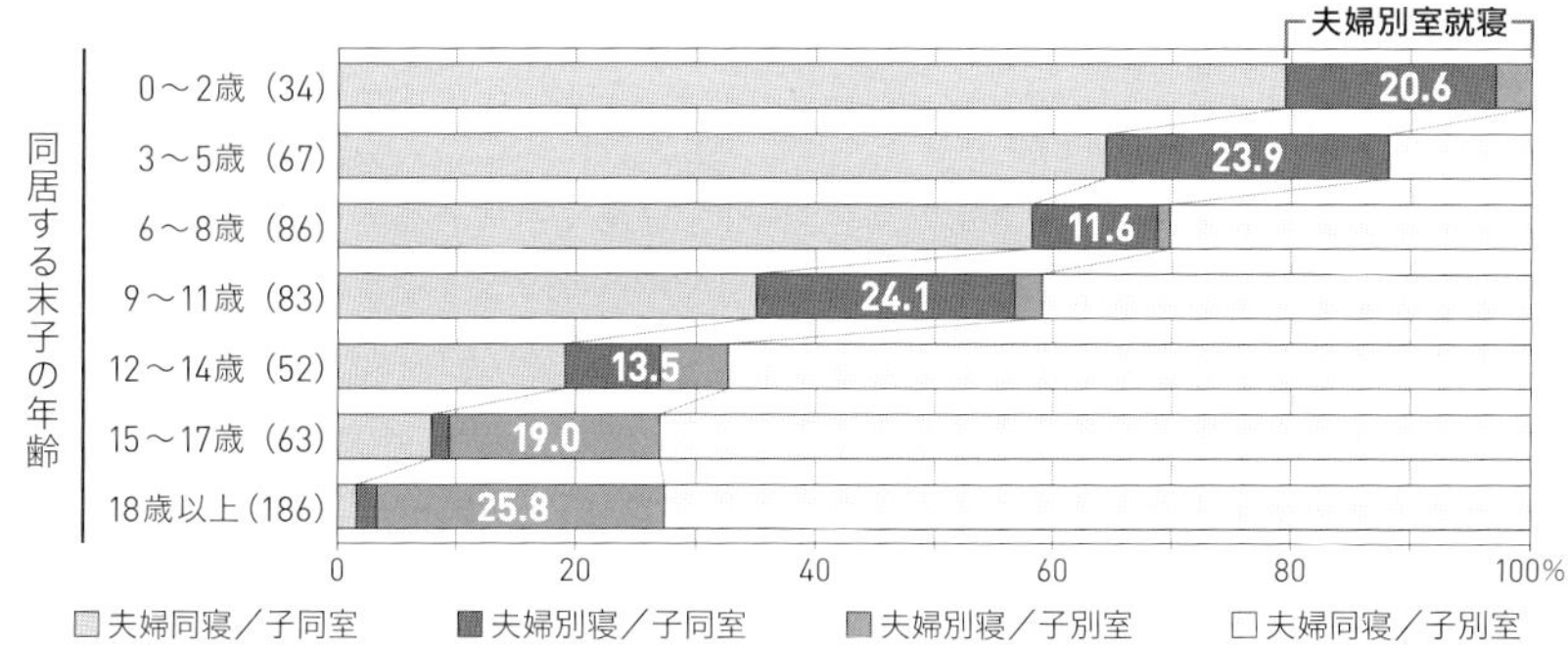

図８　同居する子の年齢と就寝形態の関係【出典：同前】

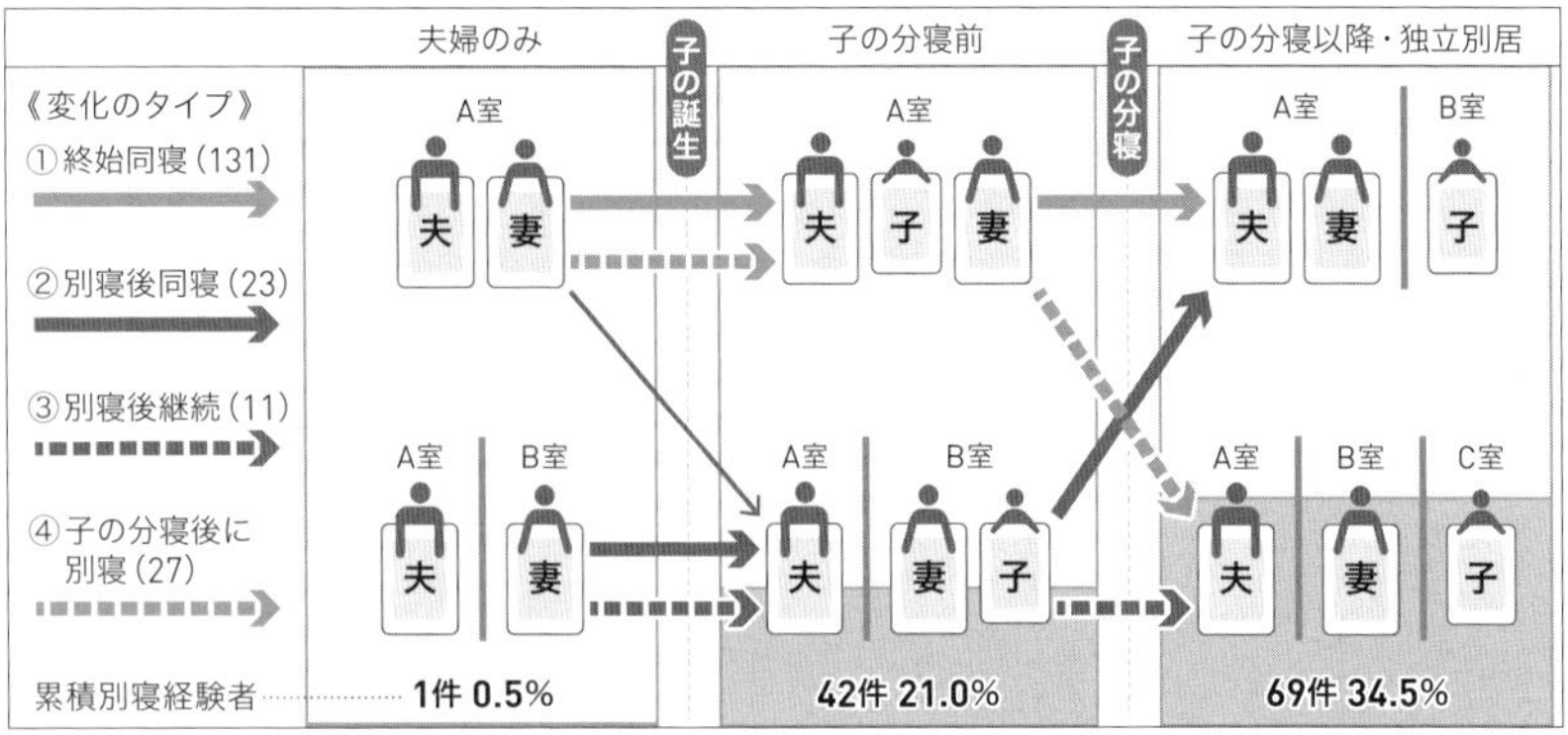

図9　夫婦の就寝形態の経年変化【出典：同前】

なぜか。それは、玄関で靴を脱ぐ床上での生活や、これによって育まれてきた集団重視の行動様式［注4］が変わらないためであると筆者は考えている。そのため、「和室」がなくなったとしても、和の住生活は継承されるだろう。その一例として、畳でなくとも、洋間に布団の寝床スタイルは子育て世帯に浸透しており、親子の添い寝は現在の一般的な寝方である（図11）。

一方、和室は、伝統性を継承しにくい流動層の住まいからは消滅してしまうかもしれない。供給数が伸びているリビングにアクセスを限定した和室は、和室に求められている融通性を備えないことがわかってきているからだ［注5］。実生活で融通性が得られないことがわかれば、和室確保の優先度はさらに低下し、消滅可能性が高まるだろう。

再評価すべき和
——近隣との呼応性のある住まいづくり

では、和室は消滅しても良いのか？　筆者は、和室ニーズの裏にある、接客空間確保への願いを、地域社会に開かれた住まいづくりにいかすべきだと考えている。

世帯規模の縮小、共働きの一般化に伴って、家族以外の第三者に自宅での介護や育児のサポートを求める機会が増えている。また、自由に出歩くことが難しい高齢期において、来客のある住生活の豊かさが見直されている。いま再び、第三者との関わり方を描き直す必要性が高まっているのである。

立派な客座敷を設けようというのではない。家族のみの空間となった現代の住まいを、ときに第三者に開くことも可能な、空間的しかけの再構築である。その一つは、家族向けにも、接客を含む第三者向けにも対応できる、融通性を発揮しうる和室（座敷）の位置の見直しであろう。また、縁側や土間、引き戸の玄関など、かつて日本の住宅が備えていた、近隣との関係性を調整しうる空間要素の再評価である。

隣人の顔や生活が見えづらい閉鎖的住環境から、近隣との呼応性のある豊かな住環境の構築において、伝統的な和の空間要素には可能性があるのである。

[注4] 欧米のように個室の出入り口ではなく、玄関で靴を脱ぐという習慣により、住まい全体がリラックスできるひとつながりの空間という住意識を育みやすく、これが、一人一人のプライバシーよりも、家族の一体感を重視する行動様式につながっているという考え方。詳細は、前掲注2に記載の文献、小林『居場所としての住まい』を参照されたい。

[注5] 日常のあらゆる行為が展開されるリビングの奥に、襖一枚隔てて配置された和室は、日常的にはリビングの延長か、あるいは物置化しやすいと考えられる。そのため、いざ、落ち着いた寝室や改まった客の応対等、リビングとは性格の異なる室として使用しようとしても、実際には困難なためであろう。

図10　イス座家具のソファーを背もたれに床上に座る

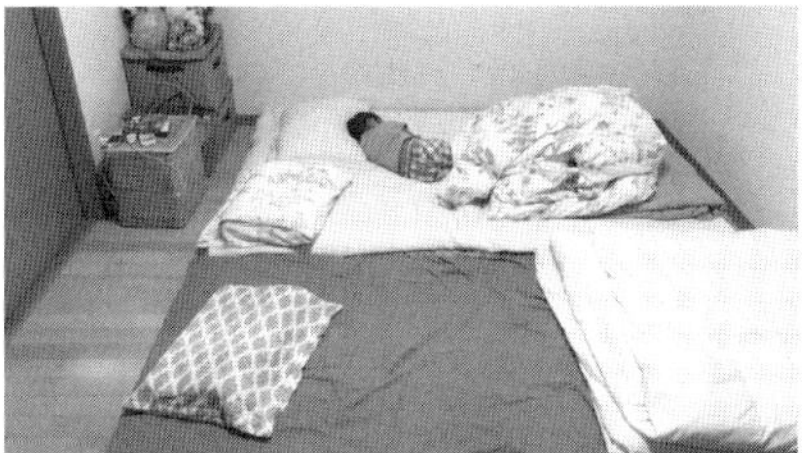

図11　洋間に布団を敷く

8 住まいの「誇り」は「和のモノサシ」から

竹原義二（無有建築工房主宰）

住まいの「誇り」

現存する家を代々受け継ぐだけでなく、新しく住まいをつくる際にも住文化の継承の思想が求められる。しかし、和の住文化には多面的な要素があり、何をどう継承させるか、その解釈はさまざまである。古来より日本の住まいに備わってきたものの本質を見抜き、現代のものへと昇華させて新たな創造をしなければ、ただ形式的なものだけが次世代に継承されることになるだろう。

「いまのあなたの家に、誇れるものはありますか?」と問いたい。「誇れるもの」とは、家に高級外国車が何台あるとか、大型テレビや高級システムキッチンがあるというような話ではない。住まいや、その暮らしに潜在している美しさや、豊かさに対する矜持の意を示すのである。しかし現代は、標準化された規格住宅をまるで商品を買うような感覚で取得する時代である。「誇り」は、そう短期間で育まれるものでもないし、プロトタイプの住まいのなかには見いだしにくいかも知れない。いまの住まいに「誇り」と呼べるものがなければ、これから住まいを継承しようという話にはなっていかない。

客をもてなすことを主眼にした住まいづくり

住まいの「誇り」とは、どこから生まれるのだろうか。私が着眼する和の住文化について説明したい。

たとえば、娘が「会わせたい人がいる」といって彼氏を家に連れてくるとしよう。そのときあなたはどのように彼を迎えるだろう？　おそらく結婚の挨拶だと推測されるこの状況で、気が進まないからとリビングでテレビをみながら迎えるのか、和室に正座して待ち受けているのか……。主人が客を迎えるときの態度が、その家の生活文化の指標になるし、また、迎えられる客もしかり。どのような服装で訪問し、どのように座り、お茶や食事をいただくのか。その人の姿勢の一つ一つに、生活文化が滲み出るのである。

「さて、こういう男に娘はやりたくないと思うか、この男なら娘を任せてもよいと思えるか……」

日本の住宅を紐解いてみると、客をもてなすことを主眼に発展した側面がある。畳を敷き詰めた「座敷」は、書院や床の間を携えながら、客を迎え入れる「客間」として発展し、しばらく日本はこの「客間中心」の家づくりがなされてきた。しかし、時代は西洋思想の「家族中心」へと意識が変わり、今日のようなリビング中心の住まいが主流になっていった。そのため、現代の住まいに畳を復活させるだけでは、住文化の継承につながらないことは明白である。

私が実践するのは「客をもてなすこと」を主眼にした住まいづくりである。そこから導き出されてくるかたちや、素材を追求して設計をおこなうことで、自然と和の住文化は継承することができるのではないだろうか。

日本の住文化に着目した設計をおこなう

はじめに着目するのは、玄関までのアプローチの重要性についてである。かつての住まいでは、客を迎えるという点において、玄関は単なる入口以上に特別な意味をもっていた。また、門扉から玄関までのアプローチも、もてなしの導入部分として同じように欠かせない空間である。

しかし、いまの住宅の多くは経済効率優先で、敷地いっぱいに家を建てることに抵抗がない。玄関を開けたら即道路という家や、駐車場の脇をすり抜けて外へ出ていくような家もあって、住まいのアプローチを必要とする文化そのものが失われてしまっている。かつては、庭先や玄関に打ち水をして客を迎える習慣があったように、新しく住まいをつくるときにも、どのように客を迎えるのか、そのためのアプローチはどうあるべきかを考えていくこと、具体的には、石の大きさや配置、その素材、目地にまで気を配っていなければならない。また、石の素材は打ち水をしたときの感じを重視するのか、客人が玄関に踏み入る前にひと呼吸整えられるようなしつらえをどう用意するかなど、常に「人をもてなすこと」を基軸に考えていくことが必要だ（下写真）。

さらに玄関は、ただ靴を脱ぐためのスペース

撮影：絹巻豊

撮影：絹巻豊

ではなく、客が家に足を踏み入れる最初の空間であることを意識しなければいけない。玄関の扉の形状、上がり框《かまち》〔玄関の土間と床の段差に設けられる化粧横木〕や空間のしつらえ、玄関に立ったときの視線にまで気を配り、慎重に素材や形状を検討する。実際の設計では、沖縄のひんぷん〔家の入り口と主屋との間に造る石造りの壁〕のような石積みやレンガ塀など、新建材でなく自然素材で家のアプローチをつくり、飛び石の美学で玄関まで誘い込む（上写真）。

玄関扉を板戸と磨《す》りガラスの開き戸としているのは、玄関前で客がひと呼吸つく暇を与え、さっと玄関に入れるためである（次頁右写真）。玄関の床石は、顔が映らないような半艶仕上げとし、玄関正面には広葉樹の無垢材が林立するようなアイストップをつくり、そこに光が差し込むトップライトを用意する。そうして、はじめてこの家を訪れる客人の視線先にまで気を配って設計をしていく（次頁左写真）。さらに壁の仕上げは左官の漆喰《しっくい》仕上げとし、時間を経るごとに深みが増す素材を選択するというのは、どの部位にあっても一貫している。

また、目地は、人をふと立ち止まらせることもあれば、動きを促すこともある。目地に対する日本人の所作も、歴史とともに発展してきた住文化そのものであり、日本人が目地に対して敏感に生活をしてきたことにも着目したい。伝統的なディテールをみても、素材や部位によって目地のありようもさまざまで、目地を消さんと工夫を重ねてきたものや、目地そのものが装飾的に発展していくものもある。この文化を現代においてどのように継承していくか、住まいの設計においては重要なポイントだと考える。

しかし、近年の工業化された住宅では、すべてがつるりとしていて、ふと立ち止まるようなところがない。さらに、生産合理性で規格寸法が決まっているため、日本人と目地のあり方も以前とはずいぶん変わりつつある（一〇七、一〇八頁写真）。

和のモノサシで対話すること

いまの私たちの住まいに、立派なソファーやダイニングテーブルがあっても、和室や床の間のない家は珍しくない。私が教鞭をとる大学でも、家に畳や

撮影：小川重雄

撮影：絹巻豊

床の間がないという学生は多く、畳や床、敷居、鴨居、長押《なげし》など、和室の基本的な用語も知らないような学生たちが増えてきている。しかし、和の住文化を知らない子どもたちに難しい教育をしなくても、和室に座らせてお茶を飲ませるだけでも学べることは多い（一〇九頁写真）。

たとえば、このお茶はどこでつくられたお茶か、お饅頭を食べたときのお皿はどういうものか、楊枝は何でつくられているのか。また和室で障子越しの光を感じたり、雪見障子から見える庭の景色について話をしてみたり。そうして「和のモノサシ」で対話していくことが、ひいては継承の道につながるのではないか。

しかし現代では、この「和のモノサシ」を放棄してしまい、「西洋のモノサシ」でものをみていく時代になった。そうして楽なほうにスイッチを入れ替えてしまったことで、住文化継承の道を自ら途絶えさせてしまっているのではないだろうか。

そのときに建築に求められるのは、職人の技や痕

撮影：小川重雄

撮影：絹巻豊

跡をみながら生活ができるような家を用意すること。素材は二〇～三〇年で朽ちていくようなものではなく、磨かれて深みを増すような素材が選択されていること。そうして五〇年経っても変わらない生活が送れるような住まいがあってはじめて、「住まいの誇り」とも呼べるようなものになっていくのではないか。おそらくそうした家で育った子どもたちは、自然とその家に住み続けたいと願うようになり、次世代への継承につながるのではないか。また、現代の私たちは住まいの「美しさ」と素直に向き合うことができていない。すなわち、現代の住まい観を見直す必要性と、継承に値する住まいの設計をおこなうときの心構えが重要なのである。

撮影：小川重雄

撮影：小川重雄

9 伝統技術の劣化と「ほんまもんの技術」の継承

木村忠紀（株式会社木村工務店代表）

技術が日本の原風景を支える

二〇一三（平成二五）年に、「和食」がユネスコ無形文化遺産に登録されたことは、日本でも大きな話題になった。日本人にとっては当たり前のような食事でも、自然を尊ぶ習わしとして世界的に評価されたことは、何よりも日本人自身が自分たちの国の食文化を見直すよいきっかけになった。

「食」に限らず、日本の歴史や生活風習と密接に関わっているものは多く、日本建築もその例外ではない。近年、梅原猛氏が呼びかけ人となりはじまった「伝統構法をユネスコ無形文化遺産に」では、伝統構法の理解とともに、職人技術、暮らし文化の復権と未来への継承を呼びかける活動をはじめている。「伝統構法」とは、社寺、数寄屋、民家など、日本建築を支えてきた技術であるだけでなく、材料調達から生産・流通まで、太古から自然と共生してきた日本人の知恵と技術の結集である。これが日本の原風景をかたちづくり、日本人の精神性や暮らしを支えてきたことはいうまでもない。しかし、これがいま存亡の危機にある。

私は、大工棟梁として京都で堂宮《どうみや》〔社寺建築〕や町家などの仕事に従事しているが、文化継承には技術の継承が欠かせないと考え、この活動をはじめた。大工職の傍ら研究チームに参加し、木造土壁による準耐火構造の開発をはじめ、化粧軒裏の延焼防止手法の開発、Ｅディフェンス（実大三次元震動破壊実験施設）による京町家実大振動台実験など、伝統木造に関する性能検証実験や、法的環境整備のために積極的に取り組んできた。和の住文化継承のためには、それをつくり出す職人の技術が欠かせないものである。大工職五〇年の経験のなかから導いた技術継承のためのメッセージを送りたい。

社会的に否定され続けた伝統構法

はじめに日本建築の構法の歴史を振り返りながら、伝統的な技術がいかにして危機に陥ったかについて説明しよう。

わが国の木造建築は、原初的には竪穴式住居のような掘建柱《ほったてばしら》建物から、長い時間をかけて軸組建物へと発展しながらその技術を培ってきた。そして鎌倉時代初期、東大寺再建時に重源《ちょうげん》が用いた宋の建築様式（大仏様・天竺様）から貫《ぬき》〔柱と柱とを横に貫いて安定させる水平材〕が登場するようになり、以後日本建築では貫による変形とめり込みによって軸組をもたせる技術が普及する。この貫の登場が、木造建築の長い歴史の大きな転換期となった。貫以前は、各部材寸法を大きくしたり、柱と柱をつなぐ構造材として長押《なげし》が働く柔らかなラーメン構造〔柱と梁で骨組みをつくり、接合部をしっかりつないだ構造〕だったが、この貫の登場により、日本建築はさらに粘り強い強度を手に入れ、さらなる木造技術の発展を後押しすることになった。

こうして成熟期を迎えた木造建築は、江戸時代は構法的に目立った発展はなく、次なる転換期は大正期に流入した西洋のブレース構造〔柱と梁に囲まれた面に斜めに材を渡した構造〕となる。以来日本の建築は、筋交いや面材で軸組をもたせようとする構法（在来構法）と、貫や軸組そのもので構造をもたせようとする構法（伝統構法）との大きく二つに分かれていく。

しかし、一九五〇（昭和二五）年の建築基準法制定の際に、伝統構法は性能が確認できないとして、明確な位置づけがされず、二〇〇〇（平成一二）年の法改正時にようやく限界耐力計算が認められるようになるまで、社会的には否定された存在として扱われてきた。二〇〇〇年の法改正で、建物が歪んだときにどれくらいの力でその部材が抵抗できるのか（変形量の許容）を数値的に評価する方法が認められるようになり、さらに二〇〇二（平成一四）年には、土塗壁にも耐力が認められるようになるなど、制度がようやく伝統構法に追いついた。土塗壁は構造耐力評価で壁倍率〇・五というかなり低い評価から、施工方法によっては一・五にまで評価が上がり、これまでの三倍の耐力評価が与えられるようになるなど、貫と土塗壁による木造建築の可能性は徐々に広がりつつあるといえる。しかし、伝統構法が社会的に認められるようになるまでの半世紀もの空白の間に、職人の技術はどんどん劣化していた。

職人の技術が劣化していく現実

「洛中洛外図屏風」のなかに描かれている京都の町家の変遷をみると、まちとともに発展した大工技術の姿がみてとれる（図1）。

京都のまちは、火災に悩まされた。とくに一六一六年以降から、瓦葺き屋根の家が増え、壁を土で塗り、隣との戸境にうだつという袖壁を出すことで防火に備えていくまちの防災の仕組みと、大工技術の発展の様子が読み取れる。

大工職人の技術は明治中期頃までがベストだった。それ以降、どんどん落ちていくのだが、その理由は五つある。

まず一番の理由は「道具の変化」。近代化が進むにつれて、大工道具もどんどん進化し、昔ながらの手道具が減り、電気工具が増えていったことがその原因である。道具と工具には大きな違いがある。道具というのは、使う人の手に合わせて使う人間がちゃんとつくり上げたもので、工具というのは、機械部分を使う人が勝手にはいじれないものである。職人の道具がどんどん変化するなかで、人間の技でやれることがどんどん落ちてきているることが技術の劣化につながっているのである。

二番目の理由は、「施主の考え方」。昔は「建物は財産」という考え方で住まいの維持管理がされてきた。しかし、いまは家を工業製品並みに商品化し、でき上がったものが手軽に手に入る時代。家はつくるものではなく、選んで買ってくるものという世界になりつつあり、その世界のなかでは職人の技術は生かされない。

三番目の理由は、「工業化の波」。これは、材料がすべ

	町田家旧蔵本 1525年頃	上杉家本 1550年頃	舟木家旧蔵本 1616年頃
町家総数	397(100%)	320(100%)	219(100%)
2階建て	6(1.5%)	13(4.2%)	42(19.2%)
石置き屋根	359(90.4%)	268(83.7%)	59(26.4%)
板葺屋根	1(0.3%)	4(1.3%)	123(56.2%)
瓦葺屋根	0(0%)	0(0%)	11(5%)
煉瓦瓦	2(0.5%)	26(8.1%)	170(77.6%)
うだつ	36(9%)	26(8.1%)	97(44.2%)

図1　洛中洛外図屏風による町家の形式

て工業製品化されていることによる技術の劣化をいう。昔は扉一つつくるにも、大工が木材を加工し枠を組み、そこに寸法違わず建具屋がつくってきた建具を一枚ずつはめ込むという作業によってでき上がっていた。ところが、いまは枠と建具が一緒になったキットとして工場でつくられている。そのキットを柱と柱の間にはめて取り付ければドアができ上がってしまう。さらに、このキットを使うために、真壁は姿を消し、ほとんどが大壁になってしまったこと。しかもその大半がプラスターボード下地のクロス貼りであり、これが日本の住宅の主流になってしまった。

そして四番目は「住生活の変化」。いまはほとんどの家から畳がなくなり、机と椅子とベッドの生活が主流である。ユカ座生活が減って、畳文化が衰退するのに伴い、仏間や床の間、縁側などの環境調整空間として機能していたしつらえも同時に失いかけている。かつて京都の町家では、表から裏まで建具をはずすと一つの大きな空間になり、夏にはよしず〔葦を編んでつくる日除け〕など、季節にあった建具をはめることで、四季の移ろいを楽しんできた。日本人の着る服が着物から洋服へとだんだん変わってきたように、畳から板の間へとだんだんと変わってくるのは仕方ないこととしても、やはり畳は残ってほしいと願う。

続けることで技を伝承する

最後、五番目の理由は「技の伝承」。やはり仕事がなければ技の伝承はできない。まるでプラモデルをつくるみたいに、工業化された製品を組み立てるだけの仕事では、今後一切ちゃんとした本物の家はできなくなる。これまで大工は、少しずつ若い人に技を伝えていくことで、その職能を受け継いできた。伝えることができなくなった時点で、この仕事は消えていく。技を伝承していくためには、若い人にその機会を増やしていく必要性があるが、そのためにはどうするべきなのか。

いくら法的に伝統構法が認められようとも、仕事がなければ技術は途絶える。残念ながら、この仕事がこの先途切れるのは目にみえている。だからこそ、どこに出かけていっても「ほんまもんの仕事をください」と訴えるのである。

職人というのは、人から教えてもらったことは必ず途中で忘れるものだ。自分で苦労して、一回やってみろといわれたものを、失敗しながらでも自分なりに考えてみて、やり直していく。そうして二回目か三回目にでき上がったものは、一生身体に染み付いて忘れない。そういうことで私は大工をやってきたから、これからもそうして若い人を育てていきたい。

細くとも「ほんまもんの仕事」が続いていくことで、技は自動的に残っていく、そうでなければ、本当の意味で日本の住文化は継承できないだろう。

10

受け継がれるべき和の暮らしと作法

松本暢子（大妻女子大学教授）

住まい方の変化と住宅

わが国の住様式は、伝統的木造住宅における住生活のなかで形成されてきたものといえよう。気候風土を背景としてわが国ならではの住宅がかたちづくられ、そこでの暮らしが独自の住まい方として醸成されてきたのである。住宅が変化すれば住まい方も変わり、住まい方が変われば住宅も変わっていく。その相互作用を経て、わが国の特徴的な住様式が形成されてきたといえる。たとえば、ユカ座の起居様式は、畳敷きの和室での住生活や上下足履き替えと無関係ではない。

そして、上下足を履き替える（靴を脱ぐ）ことによって、「ウチ」と「ソト」を隔てようとする意識が醸成されてきた。家族の空間を床上の「ウチ」とし、完全な個人のプライバシーのある空間は形成されにくかったといえる。こうした住空間とそこでの住まい方は、西欧の家族観や空間認識とは異なるものであったのではないだろうか。さらに、襖《ふすま》や障子《しょうじ》による間仕切りでの住空間は、家族の人間関係や日常生活における「作法」を生み出したと考えられる。音や匂い、気配が容易に伝わる住空間における住生活では、「空気を読む」

関係やそこでの暮らしの作法なしには日常生活が成り立たなかったと考えられる。

近年、住生活の近代化が進み、ｎＬＤＫタイプで表される公私室型の平面構成の住宅が一般化している。畳敷きの和室のない住宅が増加傾向にあり、これまで受け継がれてきた住まい方が変わろうとしている。それは、私たちの家族関係や人間関係、暮らしのなかの作法にも影響を与えているに違いない。そこでここでは、これまで培ってきた住まい方（和の暮らし）の変化を通して、何が受け継がれるのかについて考えてみたい。

和室のない住宅の増加

現代住宅では、食事室・居間を中心とする公室と私室である個屋からなるｎＬＤＫタイプの間取りが主流となっている[注1]。総務省が実施している土地住宅統計調査をはじめとした基幹統計調査で

[注1] 参考文献(1)(2)など、近年の建売住宅などの間取りの変化についての調査研究がおこなわれている。

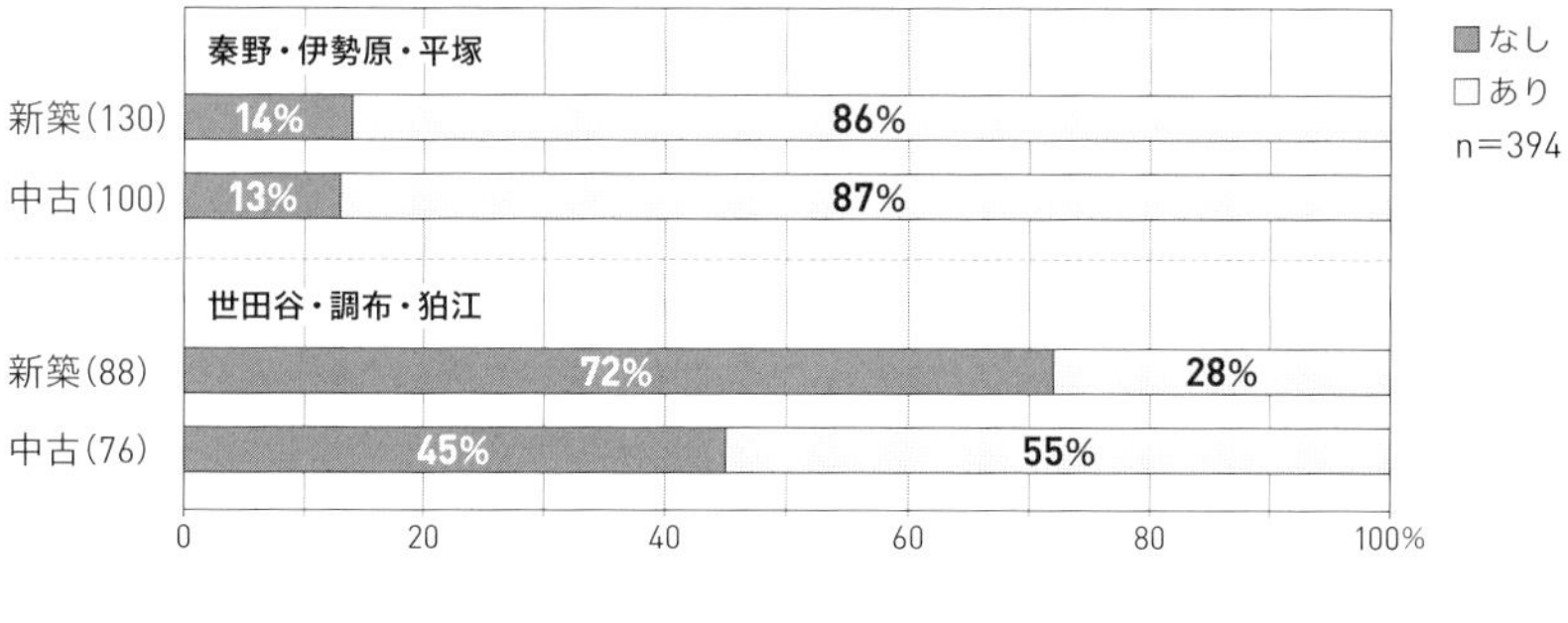

図1　新聞折り込みチラシにみる和室のない戸建住宅の割合（2011～2012年）

注：2011年11月～12年5月（世田谷では9月）の間、東京都世田谷区成城（231件）および神奈川県秦野市堀西（381件）で、新聞折り込みチラシとして配布された一戸建て住宅の物件情報をもとにしている。収集された物件のうち、近隣市区（世田谷区・調布市・狛江市、秦野市・伊勢原市・平塚市）の物件に限定した。

も、間取りの回答はｎＬＤＫタイプを前提とした選択肢となっている。さらに近年では、公室（ＬＤＫ）の拡大傾向、畳を敷いた和室をもつ住宅の減少傾向にある。

図１は、首都圏において供給されている住宅の平面計画や和室の有無などの実態を把握する目的で、東京都世田谷区と神奈川県秦野市で新聞折り込みちらしの収集[注2]およびその分析をおこなった結果である。東京区部西部の住宅地である世田谷の新築物件では七割以上に和室がない。中古物件ではリフォーム済みでない物件も含まれることから和室がない住宅が四五％を占めている。一方、都心からは遠距離に位置する秦野では新築、中古物件ともに九割弱に和室がある。和室がない住宅も少数ではあるが供給されており、新築、中古ともに九割弱に和室があることが注目される。表１のとおり、敷地面積および延床面積に両地区の物件の違いがあるものの、住戸規模に大きな違いはなく、両エリアとも居室数は四室が主流である。むしろ、新築と中古物件を比較すると中古では居室数に幅（二室～七室まで）があり、必ずしもｎＬＤＫタイプの間取りばかりではない。また、中古物件に比べると、新築では公室がやや広くなっている。続き間のある住宅は少なく、公室の役割（機能）の変化や公室の拡大傾向、和室の減少傾向が確認された。

和室がある場合、九割の住宅で一階に配置されており、公室と隣接されていることが多い。秦野エリアでは八九％が一階に公室を配しているのに対し、世田谷エリアの住宅では二階に公室のある住宅が一二％となっている。住宅購入者のニーズの違いや、相隣環境や敷地面積の違いが影響しているものの、世田谷エリ

	世田谷・調布・狛江（184）	秦野・伊勢原・平塚（247）
敷地面積	117.1㎡	146.6㎡
最頻帯	（75～100㎡）	（100～200㎡）
延床面積	109.6㎡	102.8㎡
最頻帯	（75～125㎡）	（75～100㎡）

参考プラン47件を含む

表１　新聞折り込みチラシにみる一戸建て住宅の敷地面積および延床面積（2011～2012年）［注２］参照

アでは、公室が接客よりも家族の空間としての居住性を重視している表れと考えられる。

上下足の履き替え

高温多湿の気候風土のわが国では、弥生時代頃になると、生活の場として湿った土間とは異なる床面（床束を立てた板張りの床）をつくるようになった[注3]。水稲耕作をおこなう農民の生活では、土や埃を床上、すなわち「ウチ」にもち込まないため、土足である土間に対し、「床」を汚さない配慮があったものと考えられる。奈良時代には、板敷と呼ばれた床の上は、寝たり座ったりする空間であり、上下足の履き替えがおこなわれ、「床」の上の生活（ユカ座）がわが国の伝統的な住様式として確立されていった。

住宅での上下足履き替えは、床上の「ウチ」の生活と、「ソト」を分かつ行為であったと考えられる。洋風化が進むにつれ、公共的な空間では特別な場合を除くと、上下足の履き替えはほとんどおこなわれなくなっている。しかし、住宅においては、分譲マンションも含めて新築住宅の間取りをみるかぎり、玄関のしつら

[注2] 二〇一一年一一月～一二年五月（世田谷では九月）の間、東京都世田谷区成城（二三一件）および神奈川県秦野市堀西（三八一件）で、新聞折り込みチラシとして配布された一戸建て住宅の物件情報を基にしている。新築および中古物件のほか、敷地売却目的の広告における参考プランも含んでいる。遠隔地の広告も含まれていたことから、分析対象は収集された物件のうち近隣市区での広告に限定し、世田谷区・調布市・狛江市の一八四件、秦野市・伊勢原市・平塚市の二四七件とした。

[注3] 平井聖『日本住宅の歴史』ＮＨＫブックス、一九七四年、二七～三一頁

えは変わらず、上下足の履き替えがおこなわれることを前提としている。公的な振る舞いを求められる「ソト」に対し、床上の「ウチ」は家族の休息や慰楽の空間（プライベートな空間）であることが求められているのだろうか。

一方、住生活の洋風化によりイス座が浸透し、伝統的なユカ座をベースとして和洋折衷の住生活が営まれてきた。当初、和室にダイニングテーブルやソファなどの家具を配したが、和室が床に座って生活することを前提とした広さ、天井高であったことから、違和感をもたずにはいられなかった。その後、居間は洋室としてしつらえられる住宅が多数を占めてきたものの、「ユカ座」に慣れた居住者の多くは生活行為によってイスに座るばかりでなく床に座ることもある。和室のない輸入住宅では、床上の住生活であるものの、イス座が浸透し、ユカ座とイス座の共存状態にあることが示されている[注4]。起居様式の共存は、居住者の選択による結果であるが、空間と生活行為（姿勢）の連続性が配慮されることが望まれる（図2）。

そのため、近年の新築住宅では、公室を拡大するために和室を廃する傾向が強まっており[注5]、床仕上げが板敷きや絨毯敷きになると、ユカ座の生活行為は限定的になっている。さらに、公室を二階に配する間取りでは、家族のための居住性の高い「公室」が採用されるようになったと考えられる。

現在、上下足履き替えがおこなわれ、床上の生活は維持されているものの、イス座の浸透はより深まっている。近年では、イス座かユカ座かの選択ではなく、生活行為による使い分けがおこなわれている。拡大傾向にある公室は洋室的なしつらえとなっているものの、ユカ座とイス座の空間の連続性が保たれる座面の低

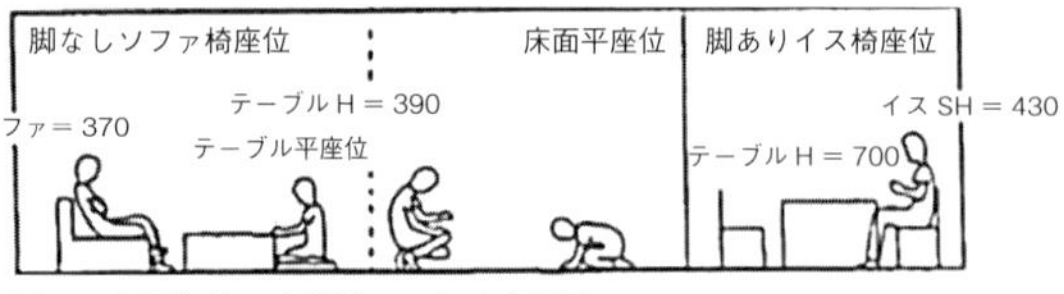

図2　生活姿勢の連続性　　参考文献(9)

い家具や、カウチソファなどの座面の広い家具（図３）が用いられつつある。上下足の履き替えは、高温多湿の気候風土ゆえであるとともに、「ウチ」と「ソト」を分かつ生活行為として根強いものがある。

和の暮らしと「作法」

畳敷きの和室では、布団を敷けば寝室になり、膳を並べれば食事室にも使うことができる。そのため、イス座のように家具を置くことで部屋の機能を規定するのではなく、融通性の高い住空間として使われてきた。一日のうちでも時間帯によって部屋の機能を変えて使われ、冠婚葬祭の場ともなりえた。こうした融通性の高い住空間を基本とした住まい方が、わが国独特の住空間であり、その使い方であったといえよう。

住生活の近代化、洋風化につれ、公私室型の住宅が採用されている。しかし、住まい方の詳細をみると、融通性の高い住空間を基本とした住まい方が受け継がれている。確かに食寝分離は浸透しており、居室とは別に食事室が確立されてきた。一方、乳幼児との添い寝はいまだに多くの親子で引き続きおこなわれており、家族成員の個室が私室として必ず使われているわけでない［参考文献⑻］。中学生の子ども部屋は、個室があっ

［注４］参考文献⑼では、床仕上げや家具の形態による影響が少なからずあるとはいえ、畳敷きの和室が減少する一方、公室に隣接する和室は、客室、公室の一部などとして使われる余剰空間で、役割の不明確な空間となっていることを、輸入住宅での住まい方調査をもとに示している。

［注５］参考文献⑺における住宅販売および宅建業者へのヒアリングによる。

図３　座面の広いソファ（星のや竹富島の居室）

ても親兄弟と就寝していたり、勉強を食事室でしていたりする。

また、襖や障子による間仕切りは住空間の可変性を高いものとしている。開け放たれればワンルーム的になり、閉めれば個室となるが、音や気配は伝わる。そのため、家族成員間でのプライバシーは意識されることはなく、むしろ家族あるいは同居している者の間の関係をより親密なものとしてきたと考えられる。こうした住空間で共に暮らすための「作法」が生まれたのではないだろうか。和室への出入り、襖や障子の開け閉め、そこでの挨拶などの立ち居振る舞い、季節ごとのしつらえなどの暮らしの作法は、和服を着た生活動作ゆえであるが、共に暮らす者の間の関係を円滑に営むための知恵であり、わが国ならではの住文化といえるものである。

しかし、洋室としてしつらえられた個室は、個人のプライバシーを重視した空間となり、日常生活では和服での立ち居振る舞いは求められず、家族成員の間の関わり方も変化しつつある。そこでは、わが国の伝統的な住空間での「作法」は受け継がれにくいばかりか、住空間に規定された暮らし方も変わりつつある。

現在、畳敷きの和室を基本として襖、障子による間仕切りが施された融通性の高い住空間がプライバシーを重視した公私室型の間取りの住空間へと変化している。そこでの暮らし方は、住空間に規定されつつ暮らしに合わせた住宅を生み、固有の住様式を形成してきた。可変性の高い和室ゆえに、時間や季節によって部屋の機能（役割）をしつらえ、機能を明確に固定することはなかった。そのため、必要に応じたしつらえが求められ、暮らし方とともに様式化されたと考えられる。季節ごとにしつらえることや、ワンルーム的な広がりを公室に求めることなどをみると、伝統的和風住宅にみられた融通性の高い住空間での住まい方やしつらえは、現代住宅のなかでも受け継がれているといえよう。

和の暮らしを受け継ぐために

暮らしは「住空間」に規定されるとともに、住空間のかたちを変える。変化する暮らしのなかで受け継がれるべきものは何であろうか。近年、住生活の近代化、洋風化に伴い、和の暮らしは大きく変化し、新築される伝統的な木造和風住宅は減少している。伝統的な住空間を経験することが少なくなるにつれ、和の暮らしを受け継ぐことが難しくなっている。洋服を着る生活が当たり前となり、畳敷きの和室でなくてはならない生活行為はそう多くない。人々の暮らしのなかで必要とされる空間でないと、受け継がれにくく、生活のなかでの和室の必然性は低い。そのため、和室は客室などの余剰空間とされる例が多く、「畳が好きだから」「畳に寝そべりたいから」などの情緒的理由で和室を配するためか、明確な用途のない、したがって曖昧な空間となりがちである。

前述のとおり、和の暮らしの真髄は、融通性の高い空間構成、わが国の気候風土に適した暮らし方、季節を愛でる暮らし方にあると考えられる。こうした和の暮らしを受け継いでいくためには、受け継ぐべき「住空間」が必要となる。季節ごとの生活習慣を受け継ぐためには、その生活行為のためのしつらえが必要である。たとえば、正月飾りは床の間がないと飾りにくい。近年、公室は洋室としてしつらえられるが、その中心にはリビング家具が置かれ、テレビ台を兼ねている。そこに、正月飾りは飾られるのだろうか。

生活行為のためのしつらえがないと、生活習慣は変化していくに違いない。箱膳が卓袱台《ちゃぶだい》に変わり、ダイニングテーブルが当たり前となり、食事のメニューが洋風化した現代でも、ご飯茶碗、汁椀、箸を使う食習慣は受け継がれている。和の暮らしを受け継ぐためには、現代の生活にふさわしい「和の住空間」（必ずしも「畳敷きの床の間のある和室」のような典型的な住空間ではなく、「和モダンの住空間」など含む）が重要である。こうした「和の住空間」での生活を経験することで受け継がれ、その時代なりの住生活が形成されるものと考えられる。

参考文献

(1) 粟原知子、袁偉、桜井康宏「近年建売住宅の間取りにみる変化の兆しとその検証――福井市都市圏におけるケーススタディ」『住宅系研究報告会論文集6』日本建築学会第6回住宅系研究報告会、二〇一一年、二二五～二三二頁
(2) 森本信明「延床面積と生産タイプ別にみたLDKと床の間付和室の構成　住宅金融公庫融資（個人）を受けた戸建住宅平面の研究（その1）」『日本建築学会計画系論文報告集』第四四四号、一九九三年、一一～二〇頁
(3) 森本信明「L、D、K空間と和室続き間の有無からみた平面の地域差　住宅金融公庫融資（個人）を受けた戸建住宅平面の研究（その2）」『日本建築学会計画系論文報告集』第四五一号、一九九三年、一〇五～一一三頁
(4) 前田享宏、森本信明「東大阪市における新規戸建住宅の2階建化に関する研究――最近10年間の建築計画概要書の分析を中心として」『日本建築学会計画系論文集』第五九六号、二〇〇五年、一五五～一六二頁
(5) 沢田知子「ユカ上の暮らしと土間の暮らし」『すまいろん』第三四号、㈶住宅総合研究財団、一九九五年、二六～三三頁
(6) 鈴木成文『住まいを読む』建築資料研究社、一九九九年
(7) 伊東菜摘「新聞折込広告を使用した一戸建て住宅の間取りに関する研究――神奈川県秦野市と東京都世田谷区におけるケーススタディ」平成二四年度大妻女子大学社会情報学部卒業研究論文、二〇一三年
(8) 足立幸奈、深津麻理「子ども部屋からみる実態からみる自立度との関係――中学生を対象とした子ども部屋調査についての考察」平成二五年度大妻女子大学社会情報学部卒業研究論文、二〇一三年
(9) 竹田喜美子「輸入住宅における住まい方の研究（その3）公室におけるイス坐とユカ坐の関係」『日本建築学会学術講演梗概集』一九九三年
(10) 小林秀樹『居場所としての住まい』新曜社、二〇一三年

第4章

受け皿をつくる
——受け継ぐための社会的システム

これまで、歴史的な生活文化や歴史的建造物としての住まいを、「なぜ、受け継ぐのか」「どう受け継ぐか」という観点からみてきた。ここでは、伝統的な暮らし方はもちろんのこと、こうした生活や地域社会の構成の基盤となる住まいを積極的に受け継ぐためのシステム、すなわち、所有者だけに委ねられたあり方を、社会のシステムとしてどのように受け継いでいくべきかについて考えてみたいと思う。

個人の所有物である住まい。こうした住まいをどのようにして継承していったらいいのか。〝自分たちは慣れ親しみ、愛着もあるが、息子たちの世代には、この家は古すぎて住みづらいだろうし、このまま維持しろとはいえない〟古い住まいに住んでおられる方々から、こんな話をよく聞く。〝自分は残したいが残せない〟そんな思いの人がたくさんいるようだ。文化財の指定を受ければ住まいは残るし、修理などにおいても公的援助を受けることができる。学術的価値の高い歴史的建造物は、こうした文化財指定という方法に委ねることで受け継ぎの可能性が広がる。

だが、文化財に指定されるものはきわめて限られているし、より身近な住まいは、すぐ文化財指定とはいかない。残したいと思う住まい、愛着のある住まい、まだ十分使える住まい、周囲の人々が大切と思う住まい、相続問題などで取り壊されそうな住まい、あるいは逆に相続されながらも住み手のいない住まい。周囲を眺めていると、こんな状況に置かれている住まいがたくさん存在する。

先の登録有形文化財も、すでに指摘したように、実は文化財ではありながらも、修理費や維持費の援助という受け継ぐためのシステムは未整備で、維持はあくまでも所有者に委ねられている。その意味では、登録文化財も〝残したい建物群〟の一つでしかない。いずれにせよ、大切と思われる身近な住まいの多くは、適当な手を加え続ければ、まだまだ十分使用できるものだ。しかし、現状では維持や保護のためのシステムがなく、経済的な問題などから次々と壊されてきたのだ。

現状の打開策として、文化財の価値幅を広げ、広く保護すべきだという考えもあるが、行政に頼るだけの方法では問題は解決しない。やはり、私たち自身が、社会的に維持・保護していくためのシステムを構築していくことが必要なのだ。ここでいうシステムは、具体的に建物を維持していくための方法であることはもちろんだが、同時に、古いものを大切に扱う心や使用できるものを簡単に破棄しないといった考え方を育む方法なども含まれることになるし、あるいは、中古住宅の流通システムの開発といったことも含めていいように思う。「はじめに」で触れた「スクラップ・アンド・ビルド」から脱却し、「キープ・アンド・チェンジ」を実践するためには、考え方や価値観も根本的に変えていくことが必要だからである。

さて、歴史的建造物の継承のシステムといえば、イギリスのナショナルトラストを想起する人が多いのではないか。その名称である「歴史的名所や自然的景勝地のためのナショナルトラスト」に表現されているように、歴史的建造物や自然景観の保護活動を目的に一八九五年に設立されている。そして、経済的な負担から個人では維持できない歴史的建造物が増えたことを背景に、建物や街並みあるいは自然景観などを守り、次世代に引き継ぐことをめざした。日本でも、近年、歴史的建造物の保護をめざす団体などが創設され、さまざまな活動を展開することで、歴史的建造物や街並みの重要性が広く認識されはじめている。

こうした団体の一つに、解体された建築部材の再利用をめざした「古材バンクの会」があった。この団体は、古材の再利用や歴史的建造物の保存活用が普及したことを機に、名称を「古材文化の会」と改称し、現在は活動の目的も伝統的木造建築文化および建築技能の継承と発展を図ることとするなど、その活動を発展させて今日に至っている。そして、近年は「残したい建物を見守るシステム（仮称）」を試行しているようだ[注]。それは、まさしく、身近で当たり前の建物を広く受け継いでいくための試みといえる。本書で紹介している一般社団法人住宅遺産トラストやＮＰＯ法人たいとう歴史都市研究会などもこうした団体である。

このように、さまざまな団体が建物を受け継ぐための活動を開始し、また、社会の重要なシステムへと発展させようという試みが活発化していることはうれしいことだ。なお、受け継ぐためのシステムの可能性として信託の仕組みについてもコラムで紹介しているので参考にしてほしい。いずれにせよ、住まいは重要な財産であり、その維持には大きな経済的な負担を抱えることになる。経済的な問題や相続といった法的問題をクリアし、また、使いながらその魅力を維持していく社会的なシステムを開拓することが、いま、求められているのだ。

（内田青蔵）

［注］白石秀知「残したい建物を見守るシステム（仮称）の試行」『月刊文化財』二〇一六年五月号

11

谷中界隈の暮らしと伝統建築を受け継ぐためのシステム

椎原晶子（NPO法人たいとう歴史都市研究会副理事長）

第1章 26～27頁 参照

まちの価値をまちの人たちが掘り起こす

外国人観光客が訪れる東京の人気スポットといえば、銀座、浅草、秋葉原などが定番だが、このところ谷中銀座商店街を中心に、谷中・根津・千駄木界隈の下町情緒を楽しむ外国人が増えている。日本の古きよき暮らしや、路地のある街並みを散策しながら楽しめるとして、いま国内外を問わず注目を集めている。しかしこの界隈も、かつては「発展から取り残された古いまち」と言われた時代があったという。高度成長期の東京で、「古いものは恥ずかしい」という意識が日本全体に蔓延した時代のことだ。改めてこのまちが再評価されるきっかけとなったのは、自分たちのまちの価値を自分たち自身で掘り起こそうとした地域の人たちの活動だった（図1）。

図1　東京の寺町：谷中、坂と緑のまち―谷中

私は、「NPO法人たいとう歴史都市研究会」の副理事長を務め、その一員として台東区谷中・上野桜木界隈で、伝統的な建物を再生しながら地域の歴史や文化を生かしたさまざまな活動をおこなっている。その一例としてNPOで二〇〇九（平成二一）年に再生した喫茶店「カヤバ珈琲」は、いまや町のシンボル的な存在となり、地域の人たちが集い、また来訪者たちにこの地域の歴史や文化を伝える一翼を担う。このような地域の文化遺産を継承するためのシステムについて、NPOの活動実践とともに紹介する。

谷中界隈を盛り上げた自発的な活動

東京都台東区谷中は、江戸城の北東に位置し、江戸東京の鬼門を守る寺町の一角である。江戸時代は寛永寺をはじめ徳川家の霊廟や寺院が密集するエリアであり、隣の上野公園は明治以降は美術学校や音楽学校、博物館や美術館など、近代文化を象徴する洋風建築が多く建ったエリアでもある。谷中は江戸幕府から明治政府に変わったあとも、中世神社や寺院の街並みや生活コミュニティを継承しつつ、芸術やアートを支える町としての顔ももつ。また、ほかの地域に比べて震災や戦災の被害が少なかったことから歴史的建造物が多く残り、都内でも中世以降のコミュニティを色濃く残すめずらしい地域として成熟してきた。

しかし、経済成長期に差し掛かると、文化財の制度では保護されない歴史的建造物は次々に壊された。「美しい日本の歴史的風土一〇〇選」に選出されたいまもなお、古い建物は年々減少しているのだが、地域の人たちが自発的にさまざまな活動をおこなっている。

明治時代に流行った「菊人形」に想を得て「菊まつり」を一九八四年より谷中のお寺ではじめた人や、三遊亭圓朝にちなんだ「圓朝まつり」を興す人。地域雑誌『谷中・根津・千駄木』（一九八四〜二〇〇九年、森まゆみ・山崎範子・仰木ひろみ）をつくる人たちによって、「谷根千《やねせん》」という地域の名称と、このエリアの生活文化がクローズアップされるようになり、これが下町散策ブームのきっかけとなった（図2・3）。また、「上野・谷中・根津・千駄木の親しまれる環境調査」（一九八六〜一九八九年）に加わったまちの人や東京芸術大学などの卒業生らを中心にはじまった「谷中学校」というグループは、「まちじゅう展覧会・芸工展」などで新しいギャラリーやまちの古い家を借りて、まちでものづくりをする人や若い芸術家たちの作品を展示するイベントを企画し、若い人の感覚で東京の古い町の価値が掘り起こされた（図4）。

　こうしたさまざまな活動によってまちの雰囲気がつくられはじめ、次第に三〇代の人たちを中心に、谷中で手づくりのお店を出すような動きがみられるようになり、このエリアには、ここ二〇年ほどで六〇以上のカフェやギャラリーが増えた。こうした広まりのなかで、「寛永寺、上野公園と谷中の街並み」が二〇〇七年「美しい日本の歴史的風土一〇〇選」にも選出された。

図2　谷中菊まつりをおこなう谷中大円寺と伝統の「菊人形」

図3　圓朝まつりをおこなう谷中、全生庵と発起人の野池幸三氏（乃池鮨、谷中地区町会連合会会長）

手焼きの煎餅屋

大正期の離れを臨時に展示場に

長屋の一角も展示場に

槍がんなの実演と体験

図4　谷中芸工展の活動例

ＮＰＯ活動のはじまり

しかし、一方で歴史的建造物の減少は継続的に進んでいる。その背景には、相続税や高齢化、空き家化などさまざまで、持主個人だけの力ではいかんともしがたい理由がある。そこで、私たちは二〇〇一（平成一三）年に「ＮＰＯ法人たいとう歴史都市研究会」を立ち上げ、歴史的な建物で持主が困っている建物をＮＰＯで借り受けて、それらを地域に生かす活動をはじめた。

ＮＰＯとしての最初の活動は、このエリアにある歴史的な建物や資産を調べて一覧にすることだったが、この調査は同時に、木造密集住宅地として災害時に危険とされる建物を示すものでもあった。ただ古いだけでは、除去支援の対象となる状況下で、それらを生かすようなストーリーをみつけ、暮らしと建物の再生が点から面につながるような活用を、ＮＰＯの活動としてめざした。

1）市田邸：1907 年築、布問屋の屋敷と蔵。ふだんは学生らが住み、座敷と庭を活用

2）間間間：1919 年築、まちにひらく、曜日替わりの店と住まい

3）旧平櫛田中邸：1919 年、1922 年築、彫刻家のアトリエと住まい

4）カヤバ珈琲：1916 年築、昭和の喫茶店を復活

図５　ＮＰＯたいとう歴史都市研究会　借受活用４棟

現在、たいとう歴史都市研究会で管理している建物は五件ある。そのうち明治の屋敷型建物「市田邸」は、日常的には学生たちが住み、一階の座敷はさまざまな文化活動に公開。三間間口をもつ工房型の町家型建物「間間間《さんけんま》」は、一階を曜日ごとに日替わりの店舗として、二階を住居として活用。大正時代の彫刻家のアトリエ付き住宅「平櫛《ひらくし》田中《でんちゅう》邸」は創造の場として活用している。そして、大正時代築の喫茶店「カヤバ珈琲」は、この地域の人がよく通ったまちのシンボル的な喫茶店を再生した（図5）。

　この「カヤバ珈琲」は持主が高齢のため店を閉じ、その後亡くなってからは空き家になっていた建物である。これをＮＰＯで借り受け、運営者を募り、以前に持主から聞いた喫茶店の話を生かしてメニューや内装も一部再現した。外観はそのままを生かし、内部はもとの部材を使い保存箇所を定めたうえで、新しい素材や見せ方を建築家が加えた。そうすることで、昔の常連さんも初めての

保全活用企画：NPO たいとう歴史都市研究会＋ SCAI（白石コンテンポラリーアート）
建築調査監修：東京芸術大学大学院文化財保存学保存修復建造物研究室
店舗改修設計：永山祐子建築設計
店舗運営：現代美術株式会社　店長：村上慎吾
建物管理：NPO たいとう歴史都市研究会

図６　再生後のカヤバ珈琲

人も入りやすくなり、近所の人、観光客や学生など、連日客足が絶えない（図６）。

これら四つの建物は、空き家になった建物を、持主と相談しながらＮＰＯで一棟を借り受け、固定資産税や日常の維持管理費をＮＰＯが支払いながら、借り手をみつけてサブリースや一時貸しをする仕組みだ。部分貸しをする場合は保全活用協力金をもらい、家賃と維持管理費、修繕費、積み立てなどにあてて運営している（図７）。

このように四件をＮＰＯでモデル活用するが、谷中にはまだ五〇〇棟ほどの古い建物があり、すべてを一度にケアすることはやはり難しい。また家賃保証もしている関係か

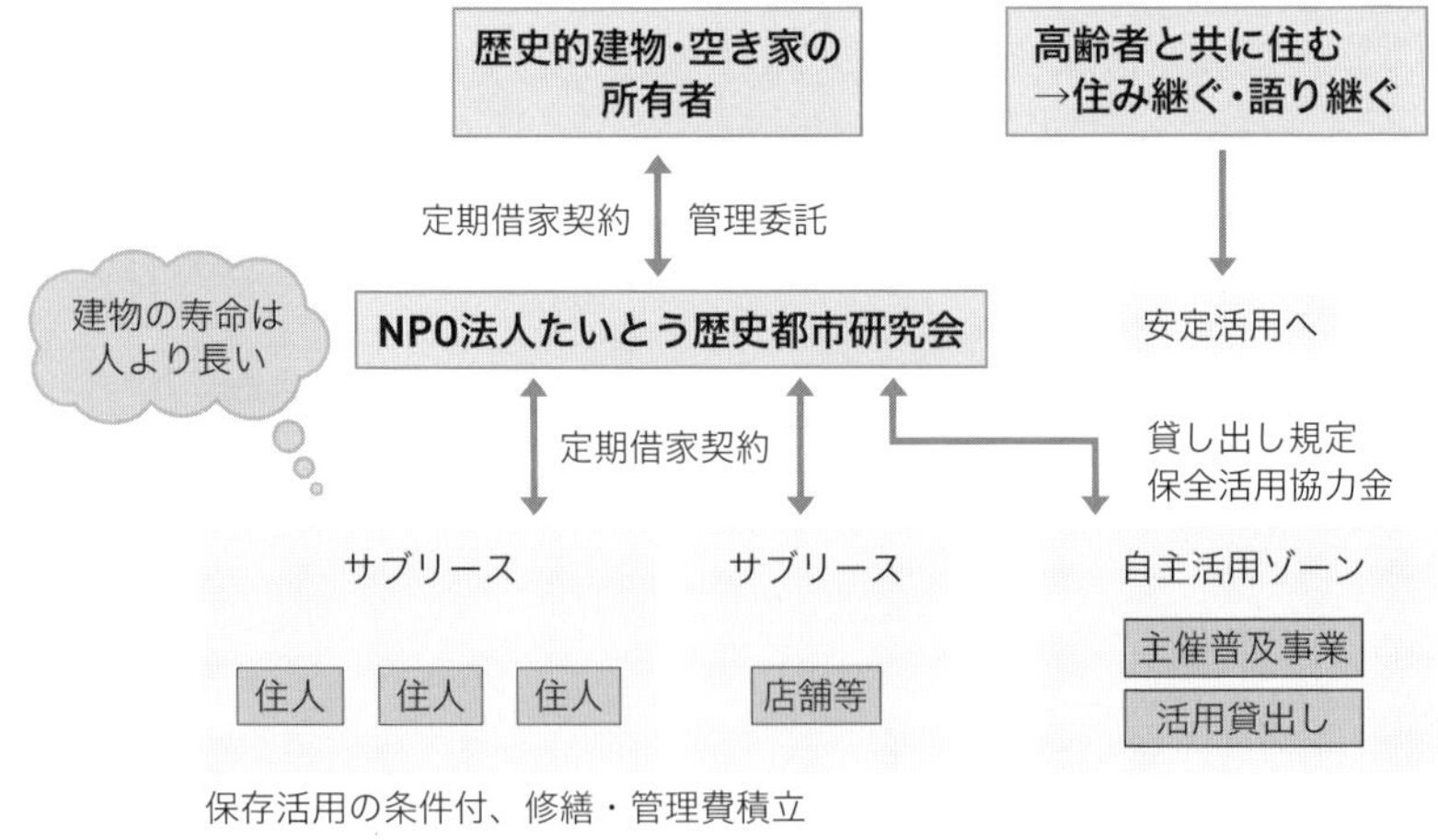

図７　高齢者の家や店を住み継ぐ仕組み例

ら、NPOの借り受け件数を増やすのは現実的ではない。

私たちは、NPOでなければ活用できない仕組みではなく、古い建物とそこにあるストーリーを大事にしながら住みたい、使いたいと願う所有者や入居者自身が、自分の人生の選択として自ら活用する仕組みをつくっていく方針で、所有者と入居者双方が主役になるような仕組みをめざしている。

NPOが関わる新しい仕組み

NPOがこれまでとは違った関わり方で再生に成功した例が、二〇一五（平成二七）年にオープンした、一九三八（昭和一三）年の庭付き住宅が三棟並ぶ三軒屋敷「上野桜木あたり」（二一六〜二一七頁参照）である。この三棟をNPOがすべて借り受けることは難しく、ここでは所有者と入居者希望者の引き合わせをおこなった。

はじめ所有者は、古い家をこのまま三棟生かすのは難しいので、駐車場にしようか、アパートに建て替えようか迷っている状況であった。所有者自身が「こういう家に住みたい人はいないですよね？」と半信半疑だったので、NPOで谷中界隈の古い家に住みたい、またはお店を出したいという人十数名に集まってもらい、見学会を開いた。そのときに、家主の塚越商事には家の歴史を語ってもらい、借りたい人には自分の計画を語ってもらったところ、「それだけここを利用したいと願う人がいるなら」と、家主も三軒屋敷を活用することを了承してくれた。三棟への入居者、工事規模、工事分担、家賃もほぼ定めてから工事を開始した。家主の塚越商事は代々の社長が住み、近隣との交流もあった家の歴史をふまえた再生事業を自らおこなう決断をされたのである。

再生においては、なるべく住宅地のなかに馴染むように、店舗だけにはせず、住宅と、住文化を体験できる地域間交流スペースを計画。店舗スペースには、ビアホール、パン屋、塩とオリーブの専門店、雑貨店などが入り、空き家で寂しかった路地に灯りがともり、地域の人も訪れるような交流の場になってきている。

また、三号棟一階和室を「みんなのざしき」、三軒屋敷が面する私道部分を「みんなのろじ」と呼び、さまざまな用途で使えるコミュニティスペースとしている。「みんなのざしき」では、七五三のお祝いや子どもの入学祝いなど、昔は自分の家でおこなっていたような行事ができる場所として開いたり、「みんなのろじ」では、マルシェや手づくり市、上野桜木、谷中の人と縁のある地方の物産展などが開かれる（図８）。

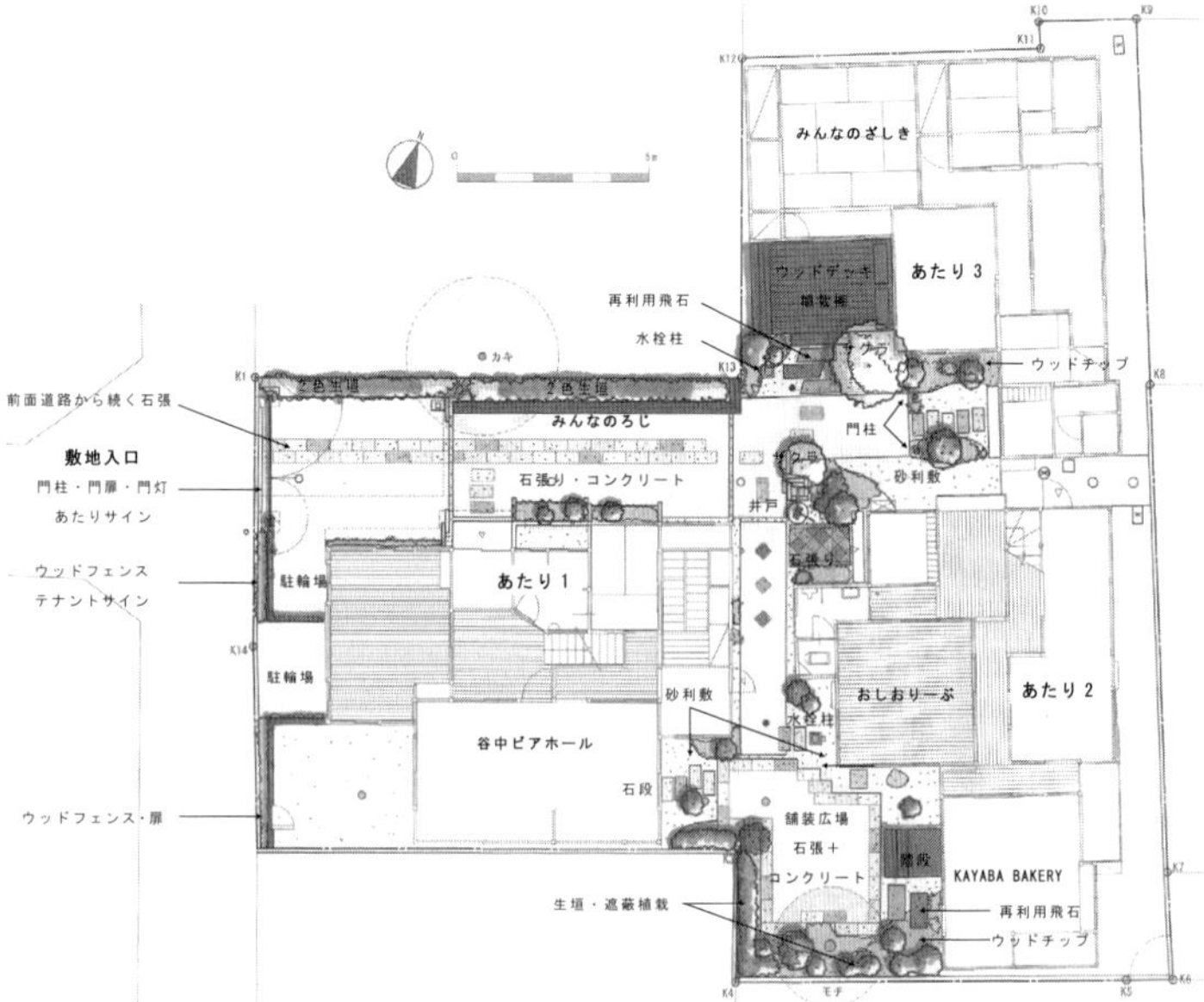

図８　「上野桜木あたり」の外構造園・配置図より、みんなのろじ・みんなのざしき・１階店舗位置図

がんばる地域が手を挙げ、助け合う

「モノ」としての住まいと、「コト」としての暮らしが一体になってはじめて自分たちにとって価値のある文化という意識につながると思う。たとえば、昭和初期の長屋をどこかに移築して、建築物としての長屋は残っても、生活文化としての長屋は残らない。本来、そこに路地があって、住んでいる人がいて、ちょっと壊れたら直してくれる大工さんがいて、お年寄りや子どもを見守り合うというように、ソフトとハードの合わさるシステムのなかで価値を発揮する。さらにいうと、夏でもクーラーがいらない風通しのよい住まいや、地域のさりげない助け合いやお付き合い、それらを促すような縁側や、路地と玄関先の土間など、そうした環境システムも含めて「安心できる居場所」が生まれる。

つまり、住まいを家の単位で捉えるのではなく、まち全体として継承していくこと。そうすることで、親しまれる地域の環境が育まれ、この地域に住み続けたいという気持ちが生まれる。事実、谷中エリアでは子育て世代の移住が増え、子どもの数が増えている。

しかし地域の活動だけでは乗り越えられないハードルもある。コミュニティはまちの人々が育てていくことができるが、その場所にふさわしい路地や木造を守るための法制度の改革も必要だ。たとえば、既存の木造住宅を生かせる都市木造の可能性を開くような防火耐震対策の必要性。それから路地に建つ長屋など、二項道路での建て替えの際に三項道路として認めるような特例、あるいは一団地として認めるような制度的支援ができないか。近年は、建築基準法の適用除外条例を設けて歴史的建築物を守る自治体もある。都市型の伝統的建造物群保存地区、歴史まちづくり法による歴史的風致維持向上計画、景観法による景観地区などにより面的に地域の文化資源をハード・ソフト面から守る手立てもある。また、地域の公民学官が支えるような融資や、担い手支援なども必要である。

いま、たいとう歴史都市研究会は、谷中地区のまちづくり協議会や、まちづくりグループの谷中学校、近隣大学の学生（東京芸術大学や東京大学）をはじめ、さまざまな方の協力と連携でまちづくりに取り組んでいる。しかし、これからは谷中界隈だけで完結させるのではなく、神田、湯島、本郷、上野など、東京の文化資源が集まっているエリアを東京文化資源区として連携し合い、エリアから制度改善を提案していこうとする活動がはじまっている。東北・北陸方面からの玄関口としての上野・谷中の特性を活かして山形、新潟、会津、能登などとの町ぐるみの交流、三浦、山梨など近郊農地との連携も谷中の各人、団体が進めている。がんばる地域が手を挙げ、なおかつ、手を結び合う関係がこれからの展開に必要だ。そうして、一人ひとりの行動と動機の重なりがこれからのまちの将来像をつくり、自分たちがつくるまちが新たなふるさとになるのであろう（図9）。

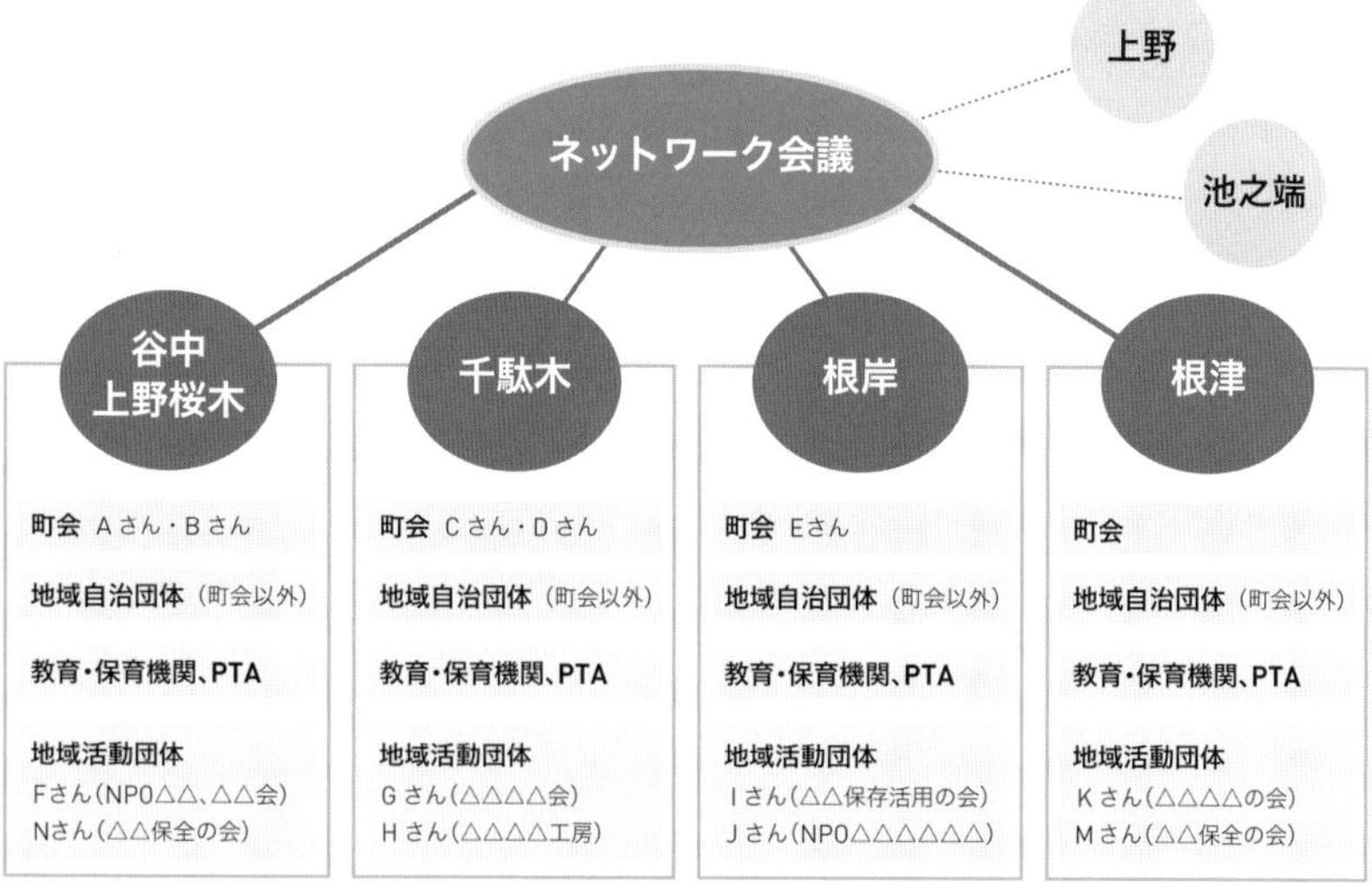

図9　谷中・根津・千駄木・根岸・上野界隈のまちと人、まちづくり活動ネットワークイメージ

12

住宅遺産トラストによる継承・活用システム

木下壽子（一般社団法人住宅遺産トラスト理事）

第1章 28〜29頁 参照

住宅の継承については、その家族の相続問題や所有者の高齢化問題など、家庭の事情に深く関係するため、第三者が関わることが非常に難しい。たとえそれが、いくら建築的に価値があるものでも、人知れず姿を消していくケースがほとんどである。また建築的価値という点からも、登録有形文化財でさえ築五〇年が経過していることが条件となり、国の制度としても保護されにくい。いま、戦後以降の名作と呼ばれる住宅は、いかなるフォローも受けることができず、まさに所有者の決断一つに委ねられているのである。

そうした状況のもと、喜ばしいニュースがあった。東京・自由が丘にある吉村順三設計の「園田高弘邸」（一九五五年）の継承者を探していたところ、新しい所有者が見つかり、オリジナルを尊重したまま住まいが継承されることが決まった。この見事な継承劇の立役者となったのが、「一般社団法人住宅遺産トラスト」という活動組織である。

一般社団法人住宅遺産トラストは、主に二〇世紀以降につくられた歴史的・文化的価値が高く、個人の所有を超えて後世に残すべき住宅、つまり「住宅遺産」と呼びうるものを対象として、その保存・継承のための活動をおこなっている。この設立のきっかけとなったのが、先に触れた園田高弘邸の保存活動にあった。

はじまり

私は大学で建築を学び、大学院では近代建築の歴史を研究した。二〇〇〇（平成一二）年を記念して出版された建築雑誌『a+u』（二〇〇〇年三月、一〇月、新建築社）の臨時増刊号「20世紀のモダンハウス：理想の実現」Ⅰ&Ⅱの監修をアメリカ人建築史家のケン・オオシマさんとおこなった際、日本からモダンハウスを選ぶのに苦労した記憶がある。選定の基準として、「過去の写真を使うのではなく、21世紀を迎えたいまの状態を写真で撮り下ろす」ことを前提としていた。つまり、当然現存していなければならないし、写真撮影に耐えうる良い状態で住まいとして使われていることが求められた。しかし日本では、貴重なモダンハウスの情報が欧米ほど整理されておらず、またすでに取り壊されてしまっているものも多かった。

その後、建築の企画・設計・監理を業務とする会社を設立。そこで不動産の世界にも足を踏み入れるようになると、建築を学んだ私にとっては宝物のような貴重な住宅が、やっかいもの扱いされ、まるで粗大ゴミのように解体され廃棄される状況を目の当たりにした。何とかしなければ日本の建築文化は失われてしまう、と危機感を覚えていた頃、ある住宅との出会いがあった。

住宅遺産との出会い

それは、住宅遺産トラスト設立のきっかけにもなった「園田高弘邸」との出会いである。この住宅は、一九五五（昭和三〇）年、当時四六歳だった吉村順三が、ピアニストの園田高弘夫妻のために設計した延床面積七七平方メートルの小さな木造住宅である（図1・2）。その後、吉村順三の弟子である小川洋が増築部分

図1　園田高弘邸【『新建築』vol.30.1955年】

図2　伊藤邸（旧園田高弘邸）の内部（撮影：齋藤さだむ）

を設計し、現在の姿に至る。二〇〇八（平成二〇）年の春、所有者の園田春子さんから地元のまちづくりＮＰＯ「玉川まちづくりハウス」に家の継承に関する相談がもたらされた。

園田家はドイツ在住が長く、ご子息はドイツを拠点に生活されており、高弘氏が亡くなられたあと、春子夫人がひとりでお住まいになっていた。しかし、ひとりで住むには広すぎるので、建物を壊さずに引き継いでいただける方に譲りたいという希望をもたれていた。さっそくＮＰＯのメンバーで園田邸を見させていただいたところ、吉村順三設計のオリジナル部分の保存状態もきわめてよく、増築部分も含めて「壊すことなく、保存・継承すべきだ」という想いをその場に居合わせた皆が共有した。

その後、「園田高弘邸の継承と活動を考える会」を発足し、春子夫人プロデュースによる、園田高弘氏ゆかりの若手ピアニストを中心とした音楽会と建築トークから構成される「音楽と建築の響き合う集い」を約四年にわたり開催。この住宅を少しずつ社会に開きながら、その価値を多くの人と共有するという点において、大きな成果を得た。しかし残念ながら、実際に継承者と出会うには至らなかった（図3）。

所有者である春子夫人ご自身も積極的にこの活動に参加してくださり、四年間待ってくださったことは幸運であった。とはいえ、主目的は継承者を探すことであり、新たな手を打つ必要があった。そこで思いついたのが、継承者を探している住宅遺産を取り上げた展覧会を催すというアイデアだった。

その頃、前川國男の自邸「新前川國男自邸」（東京都品川区）と吉田五十八設計の「旧倉田邸」（東京都世田谷区）の継承についても相談を受けていた。偶然にも、時を同じくして、昭和を代表する巨匠が設計した三つの貴重な住宅遺産が新たな所有者を求めていたことから、「昭和の名作住宅に暮らす――次世代に引き継ぐためにできること」という展覧会を開催（図4）。メディアの反響も大きく、日本経済新聞、ジャパン・タイムス、ウォールストリート・ジャーナルなどの新聞、また複数の雑誌にも記事が掲載された。その結果、日本経済新聞の記事を読んだ大阪の方から連絡があり、「園田高弘邸」にご案内した。吉村順三の大ファンということで、最初は本物の吉村作品を見たいというお気持ちだけだったが、最終的には購入を決意。春子夫人から継承のバトンを渡すことに成功した（図5）。

現在の所有者は大阪に本宅があるため、「旧園田高弘邸」は別宅として使われている。この住宅の継承がきっかけで設立された一般社団法人住宅遺産トラストの活動への理解も深く、現在も演奏会や見学会を継続させていただいている。また、建物のオリジナリティを尊重しつつ手入れもしっかりされており、非常に良い状態で住まわれている。

図3　音楽と建築の響き合う集い（撮影：齋藤さだむ）

残念ながら、吉田五十八設計の「旧倉田邸」は継承者を見つけることが叶わず、解体されてしまった。前川國男設計の「新前川國男自邸」は、現在私の会社が管理しつつ、引き続き理想的な継承のあり方を検討している。

住宅遺産トラストの発足

このような経験を経て、住宅遺産の保存・継承には、専門的かつ持続的に活動をおこなう組織が必要であるとの思いから、「園田高弘邸」の継承に関わったメンバーが中心となり、二〇一三（平成二五）年に一般社団法人住宅遺産トラストを設立。経験や情報を蓄積するとともに、住宅遺産の継承に必要とされるさまざまな分野の専門家をネットワークし、住宅遺産の継承を実現することをめざしている。

住宅遺産トラスト設立後、アントニン・レーモンドの「富士見の家」（東京都千代田区、一九七〇年）、坂本一成の「代田の町家」（東京都世田谷区一九七六年）、平田重雄の「Villa Le Maïs（平田重雄自邸）」（東京都目黒区一九六七年）など、継承の相談が相次いだ。残念ながら「Villa Le Maïs（平田重雄自邸）」は解体されてしまったが、「富士見の家」と「代田の町家」は継承者が見つかり、必要な改修が施され、新しい所有者に住み継がれている（図6）。

図5　園田さんから伊藤さんへ

図4　「昭和の名作住宅に暮らす」展覧会（撮影：齋藤さだむ）

図7 「代田の町家」（撮影：齋藤さだむ）

図6 「富士見の家」（撮影：齋藤さだむ）

先の展覧会の際に相談を受けたもののなかに、遠藤新の「加地邸」（神奈川県葉山町、一九二八年）がある。住宅遺産トラスト設立後、「加地邸をひらく」と題した展覧会を開催したところ、二か月間、休日のみの公開であったが、四六〇〇人あまりの来訪者があり、その関心の高さに驚かされた。「加地邸」も「園田高弘邸」同様、相談を受けてから約四年の歳月をかけて継承者に出会うことができた（図7）。

活動のこれから

住宅遺産の継承の背景に相続がある場合、相談相手として思い浮かぶのは、通常、税理士、弁護士、銀行、あるいは不動産会社など、必ずしも建築の知識をもっていない専門家である場合が多く、結果として、「更地にして売却」という選択肢を示されることが多い。一方、建築関係者や保存活動に熱心な人たちは、建築的価値に対する理解はあるが、不動産や相続に関する知識が十分でない場合が多く、また実際にどうやって継承者を探せばよいかわからず、結果的に所有者に負担を強いてしまうケースが少なくない。このギャップを埋め、結果として住宅遺産を残すためには、所有者の希望を尊重しつつ、さまざまな専門家の知識を駆使し、継承者を見つけ、あるいは活用する仕組みを構築する必要がある。

住宅遺産トラストでは、住宅遺産を残したいと希望する所有者の相談窓口となり、私たちの活動に理解のある専門家（建築家、建築史家、不動産鑑定士、税理士、弁護士、施工会社、宅建業者、金融関係者など）の協力を得ながら、継承者を探す、あるいは所有者やその家族が所有し続ける方法を模索している。

今後、価値ある住宅の継承を実現していくためには、法律や条例等のルールの見直し、規制の緩和等も欠かせない。たとえば、多くの住宅遺産は第一種低層住居専用地域（低層住居の良好な環境を守るために厳しい規則がかけられた地域）に建てられている場合が多く、利用目的が制限されるため、活用のあり方も限定されてしまう。建築基準法の適用除外、所有者の税金、維持管理理費等の負担の軽減、文化財政策の見直しなども同時に進めていく必要がある。

住宅遺産が失われる要因の一つに相続がある。「園田高弘邸」や「加地邸」のように、時

図8　加地邸外観（撮影：小野吉彦）

図9　2014年11月シンポジウム

図10　「加地邸をひらく」展覧会パンフレット

《コンサルティング・ネットワーク》

建　築	建築士・建築史家との連携
不動産	不動産鑑定士との連携
税	税理士との連携
法　律	弁護士との連携
文化財	文化財専門家との連携
修　復	修復専門家との連携

《広報・連携ネットワーク》

トラスト会員	各種見学会等の実施
大 学・学 会	相談・連携活動の実施
行 政・機 関	相談・連携活動の実施
マ ス コ ミ	掲載依頼・広報の実施
地域コミュニティ	イベント・協働活動

図 11　住宅遺産トラストの活動

間をかければ継承が実現する確率も高まるが、相続が要因の場合、時間が限られているケースが多い。これまでの活動を通して、いったん所有者から住宅遺産を引き受け、時間をかけて継承のあり方を考えられる、一時的な受け皿を構築する必要性を感じている。また、私たちの組織自体が継続できなければ意味がない。持続可能な組織となるための経済的基盤と人材の構築も重要な課題である（図8）。

13 立体京町家・堀川団地の「やわらかい再生」

高田光雄
（京都大学大学院教授）

消滅寸前の堀川団地のゆくえ

「堀川団地」は、京都御所の西側に位置し、堀川通りの丸太町通から中立売通《なかだちうり》までの間に建つ六棟のRC造三階建て集合住宅の総称である。一九五〇年（昭和二五）から五三年にかけて、京都府住宅協会（現・京都府住宅供給公社の前身）によって建設されたもので、一階が店舗併用住宅（現在は店舗のみ）、二～三階が専用住宅の、いわゆる「下駄履き住宅」としては最も初期のものである。一階部分は、昔ながらの商店街として、この地域に親しまれてきたが、活力の低下は避けられないものとなっていた。一九八〇（昭和五五）年頃から、老朽化を理由に、幾度となく建て替えの話がもち上がり、検討がおこなわれた。結論がでないまま推移していたが、近年、単なる建て替えではなく、改修を含むさま

図1　堀川団地の位置と各協議会

ざまな手法により、エリアを巻き込んで再生する新しい動きがはじまった（図１・２）。

二〇〇九（平成二一）年に設置された「堀川団地まちづくり懇話会」からの提言がこの再生の契機となった。私は、縁あって、この懇話会の座長を務めたあと、さまざまなかたちでこの事業に関わらせていただいている。二〇一四（平成二六）年に再生事業第一期を終えた堀川団地は、現在、耐震改修や、住居部分の改修にとどまらず、新たにまちづくりと連携したさまざまなコンテンツを盛り込みながら、エリア全体を再生する機運を生み出しつつある。

まちづくりと連携した再生へ

「堀川団地」は、椹木町《さわらぎちょう》団地、下立売団地、出水《でみず》団地（第一〜第三）、上長者町団地の六棟からなる。戦前、この一帯は「堀川京極」と呼ばれ、二五〇軒あまりの商店が軒を連ねる市内有数の繁華街であった。しかし、第二次世界大戦の終わり頃に、空襲の被害を減らすための防火帯に指定されると、商店や住宅は強制疎開を余儀なくされた。終戦後、この土地が広幅員の堀川通りに生まれ変わった。また、堀川通りの用地とならなかった西側の民有地に、堀川団地が建設された。

堀川団地のなかでもっとも古い出水団地が建設された一九五〇年は、公営住宅法が生まれる前年で、住宅

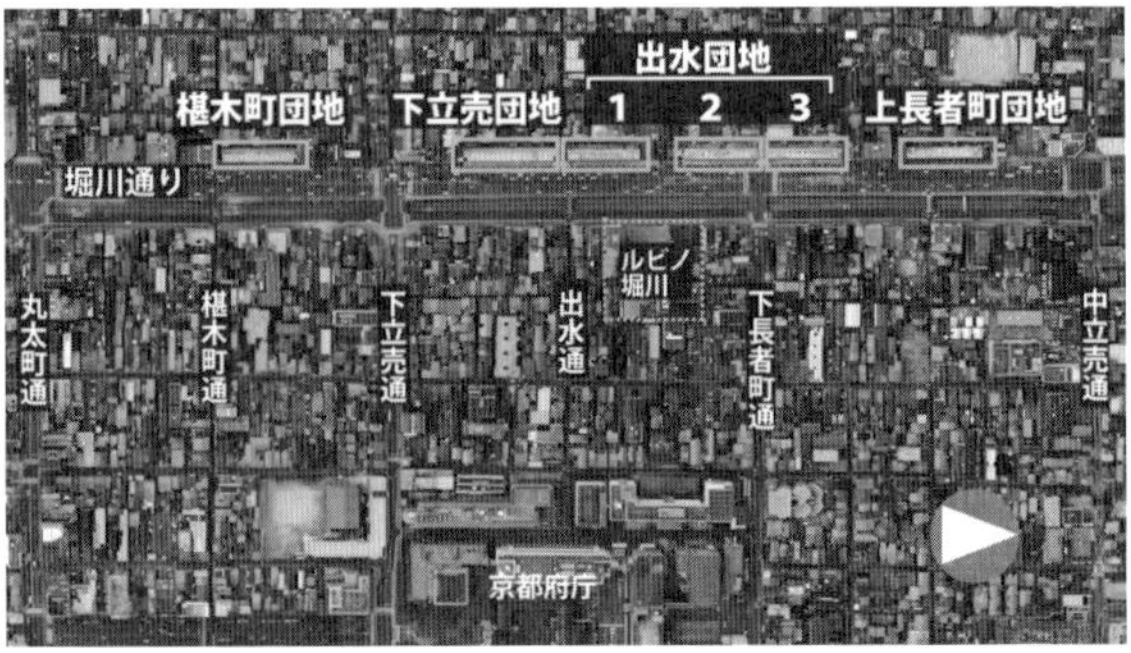

図２　堀川団地の構成

金融公庫法が施行された年であった。京都府住宅協会は、住宅難解消と堀川商店街の復興をめざして、住宅金融公庫の資金をもとに、買収した土地に、六棟の店舗併存集合住宅を建設した。住戸には都市ガスや水洗便所など、当時の最新設備が用意され、文化的な近代アパートとして人気を博した。

堀川団地は、もともとこのあたりにあった京町家を継承する「立体京町家」といえるのではなかろうか。一階は店舗併用住宅、二、三階も通りとの関係を重視した準接地型住宅で、二階のテラスでは地蔵盆もおこなわれた。京町家と同様、最大限の風通しを確保する平面計画で、通り土間にはなっていないものの、通り庭のような空間も確保されている。住戸内の間仕切りは、竹小舞を下地とした土壁で、天井や押し入れの内側まで左官仕上げが施されていた（図3～7）。

しかし、この堀川団地も築四〇年を過ぎた頃から、老朽化を理由に建て替

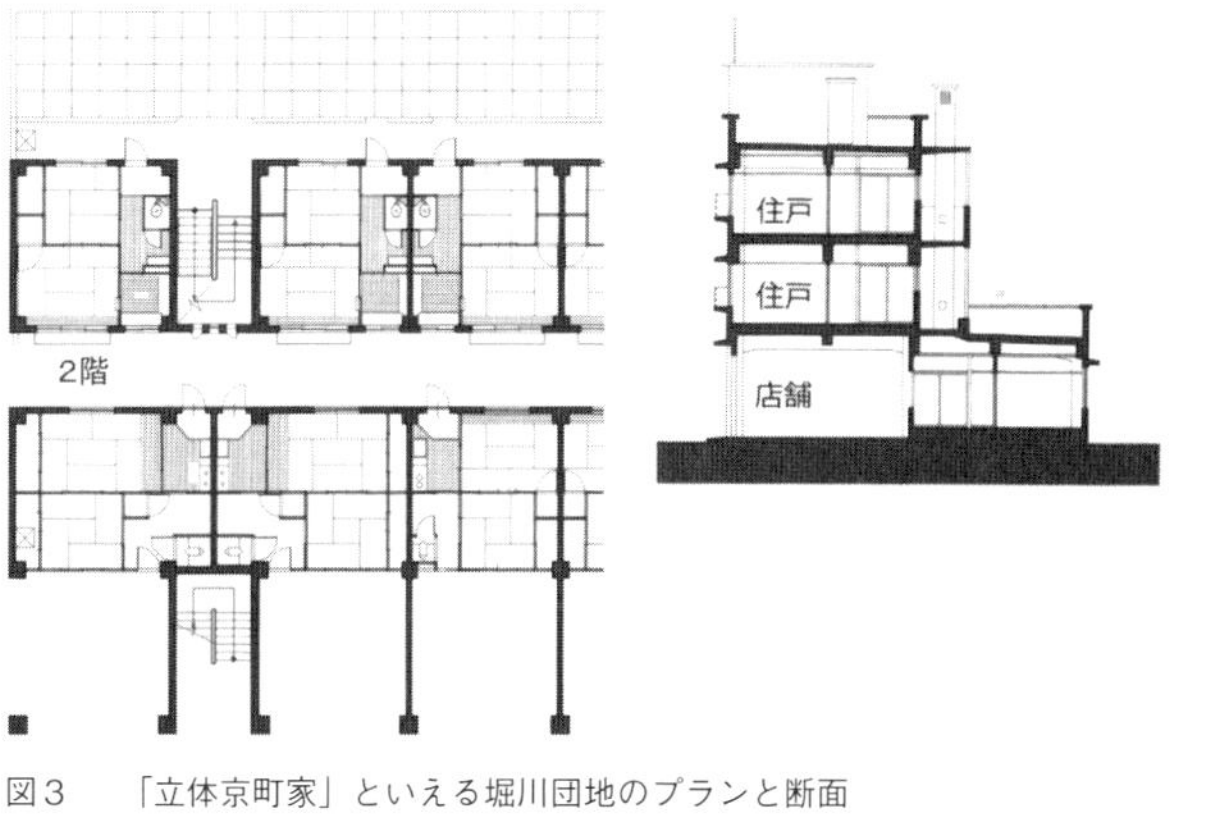

図3　「立体京町家」といえる堀川団地のプランと断面

図4　出水団地の外観

図5　2階ベランダ

えの動きが活発化していく。一九九〇（平成二）年頃から、空き家の補充を停止するものの、一階の商店については定期借家制度を活用した補充を再開するなど、建て替えに向けた結論がでないまま推移してきた。耐震性能の問題から本格的に建て替えの気運が高まった二〇〇九年に、京都府によって「堀川団地まちづくり懇話会」が設置された。

このとき懇話会が出した提言は三つあった。一つめは、必ずしも全面建て替えではなく、改修を視野に入れた再生をすること。二つめは、地域のまちづくりと連携した再生をすること。三つめは、でき上がり図をあえて描かずに多様なシナリオを可能にすることであった。

建て替えを前提とした計画が期待されていたにもかかわらず、懇話会が出した三つの提言は、それとは真逆のものだった。しかし、最終的にこれを行政も受け入れて、再生計画が動きはじめた。

次年度には「まちづくり協議会」が発足。所有者である住宅供給公社と、京都大学で共同研究をおこない、他大学の研究者やさまざまな専門家が共同研究のチームに加わって、懇話会提案の具体化が進められた。その後、建て替え棟と改修棟の関係をめぐる関係者間の意見の不一致等から紆余曲折があったが、京都府が事業推進委員会を発足させ、「アートと

図６　出水団地内観

図７　下立売団地の台所造り付け家具

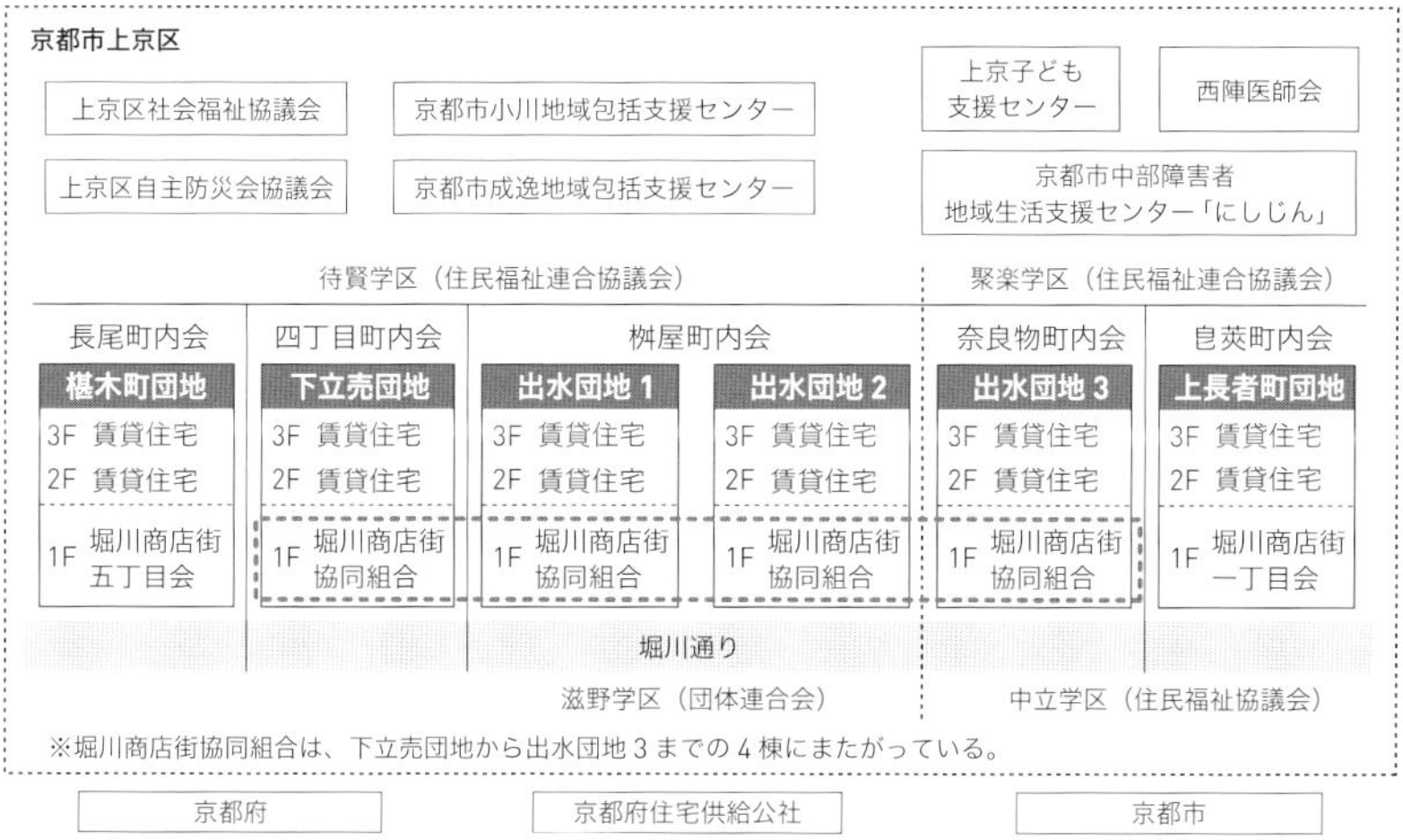

図8　堀川団地再生まちづくりに関わる主体

交流」を再生計画のテーマに加えて、再生事業を進めていくことになった。

旧来のコミュニティを継承する

地域のまちづくりと連携した再生においては、その地域にすでに定着しているコミュニティを無視することはできない。とくに京都のまちは市民自治の歴史も古く、それらが複層的に重なりあっている。

京都の都心部では、通りの両側の土地所有者が集まってエリアマネジメントをおこなう江戸時代の自治組織である「町《ちょう》」という単位が、現代もコミュニティの最小単位として機能している。また、一八六九（明治二）年に、全国に先駆けて、複数の「町」が番組小学校をつくった単位である「元学区」も、重要な自治活動の単位となっている。元学区は、現在の小学校区とは必ずしも一致しないが、人々の帰属意識の対象であり、国勢調査などの「統計区」ともなっている。

町と元学区は入れ子構造になっていて、いずれも現代のコミュニティ組織として働いている。堀川団地の場合、六棟が五つの町に分かれ、待賢学区と聚落学区という二つの元学区が直接関係している。一町一棟ではないことが意思決定を複雑にし、元学区間の考え方の違いが再生計画の実現を左右することになる。さらに、商店街の活動を考える場合は、堀川通の東側、つまり洛中側の元学区を含めた京都独特の商習慣にも配慮しなければならない。複雑な京都のコミュニティを整理するだけでも、このプロジェクトの難しさが読み取れる。しかし、これらを考慮しなければ、まちづくりとの連携には至らない（図8）。

「やわらかい再生」を目指して

堀川団地再生の実現過程で、京都大学が京都府知事に提案したビジョンは、「やわらかい再生ビジョン」であった。ここに暮らす人々がお互いに働きかけて関わりあいながら、まちの変化に対応できる地域力をもち、個性あふれるまちづくりをその目標とする。具体的には、次の五つの項目を提案した。

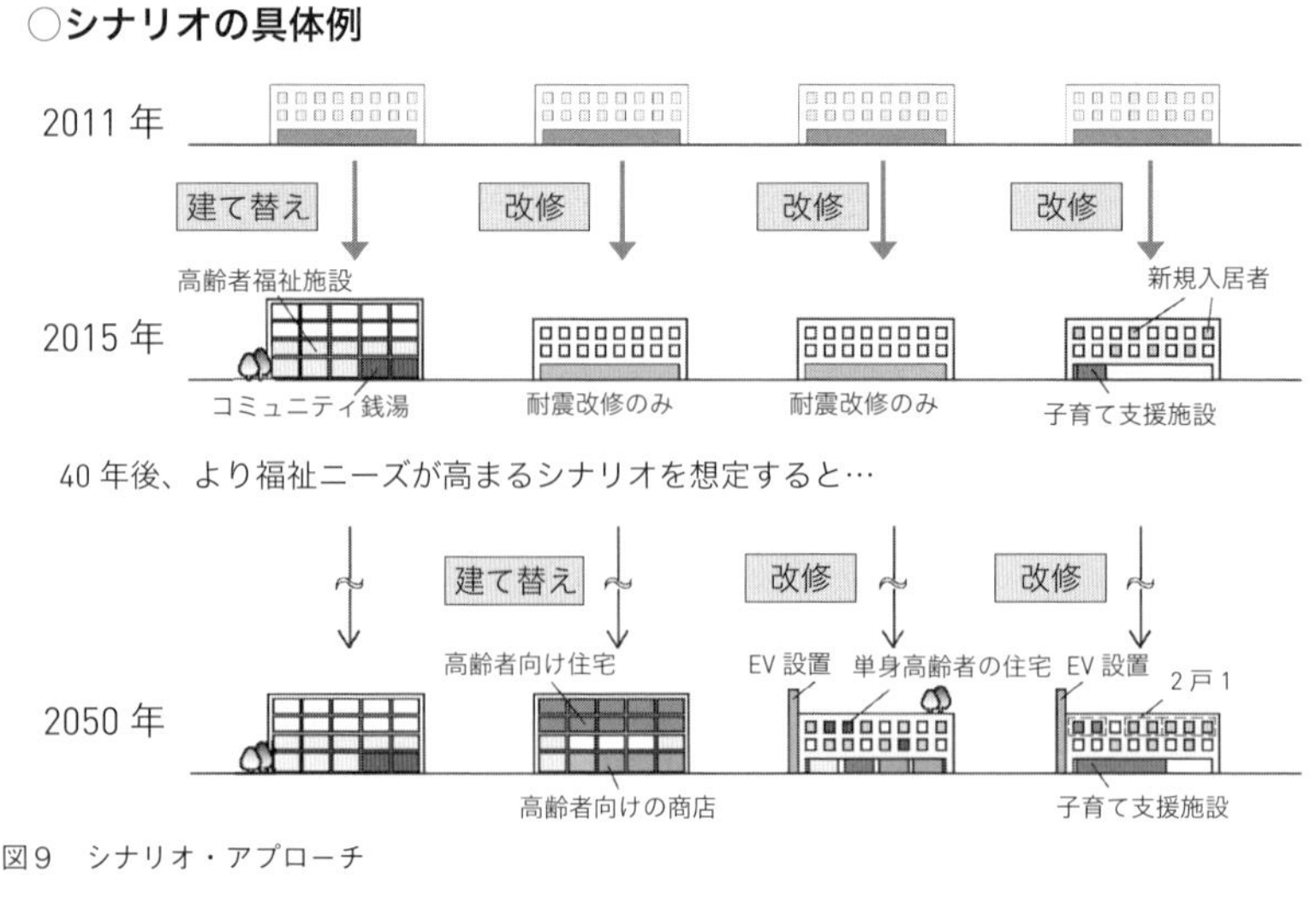

図9　シナリオ・アプローチ

1．プロセスのデザイン「シナリオ・アプローチ」（図9）

複数のシナリオを用意し、はじめからでき上がりの図を描かないこと。現在の価値観だけで必要以上の選択や決断をせずに、将来に向けて最大限の選択肢を残し、まちの状況や価値観の変化に対応できるやわらかい再生プロセスの提案。

2．建築のデザイン「再生型スケルトン・インフィル」（図10・11）

スケルトン・インフィル方式〔柱・梁・壁などを構成する骨組み（スケルトン）と内装・設備・配管（インフィル）を別に考える方式〕の考え方を適用し、既存スケルトンのキャパシティを最大限生かした団地再生の提案。将来的に建て替えか耐震改修かという二択ではなく、居住者や地域住民のさまざまなニーズに対応する。

3．機能のデザイン「新しい福祉の地産地消」

住民が地域福祉を実感し、安心して住み続けられる拠点づくりとして、さまざまな互助的仕組みをエリア内に拡大していく。

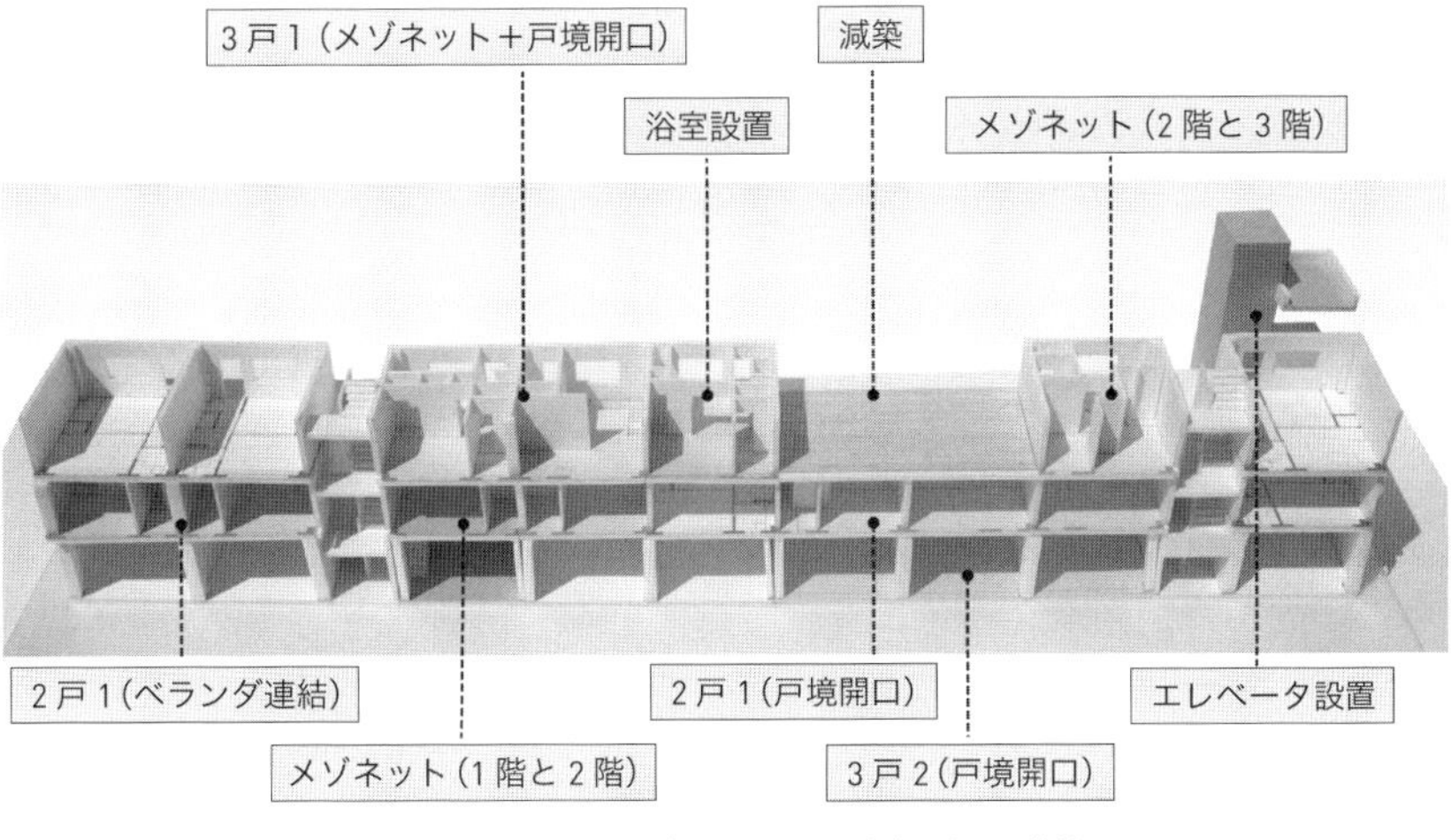

図10 「再生型スケルトン・インフィル」─さまざまな団地再生手法の適用可能性

4．まちのデザイン「堀川京極の再生」

かつて繁栄をきわめた戦前の堀川京極のにぎわいを再生。

5．組織のデザイン「まちづくり会社」

現状では、京都府住宅供給公社が堀川団地六棟を管理するが、新たに「まちづくり会社」を設立し、周辺組織と連携しながらまち全体をマネジメントしていくこと。

実際の再生事業は、二〇一二（平成二四）年に高齢者居住安定化推進事業費という国からの助成金採択を受け、先駆けて中央二棟（出水団地第一、二棟）の改修事業からはじまった。「地産地消の福祉」に重きをおき、多世代で多様な人たちが住める環境の整備、協働事業者の参画とコミュニティを育てる仕組みづくりが進められた。この団地の従前からの居住者は、平均年齢が七五歳を超えており、居着きのまま改修工事をおこなった。耐震改修やバリアフリー改修など基本的な環境整備をベースに、従前の空き室、空き店舗には、さまざまなコミュ

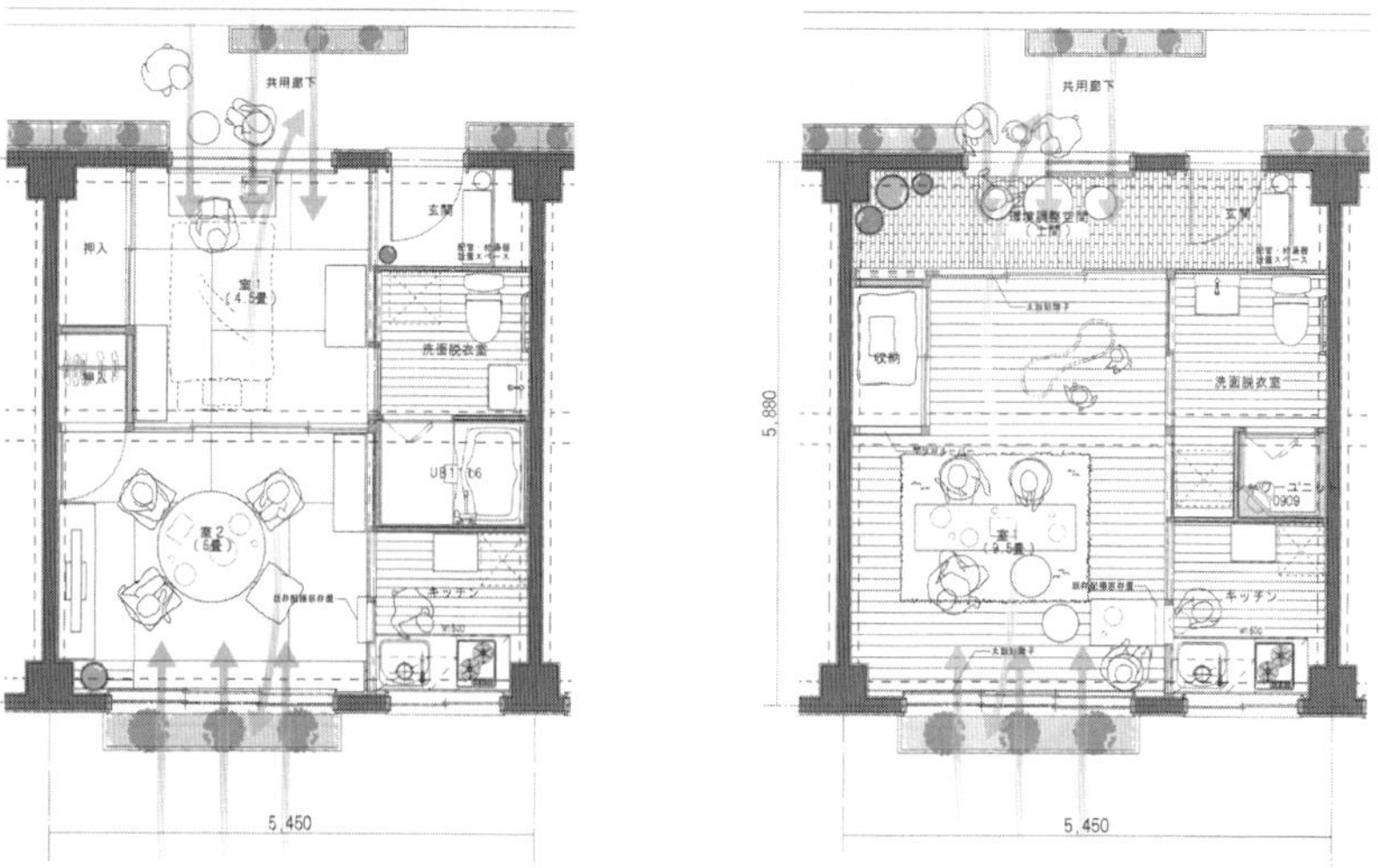

図11 「再生型スケルトン・インフィル」―住戸プラン例

図12　高齢者向けの改良住戸

ニティを育てる機能を挿入していった。

新規の居住空間としては、高齢者向けの改良住戸や（図12）、若い世代に向けて二戸を一戸にした子育て世帯向け住戸などを整備。また、団地で働く人が集合的に住める「職住の家」を構想し公募したところ、団地内で施設を経営する社会福祉法人が、働きながら暮らしを学ぶ障がい者のグループホームとして入居することが決まった。

共用施設としては、一階に地域の集まりや交流が可能なコミュニティスペース「まちカフェ」を開設（図13）。隣接するチョコレート専門店を含めて、ここでは障がい者の就労支援がおこなわれている。多様な世代が暮らしながら、団地内に互助的な仕組みが用意され、「地産地消の福祉」が展開している。

図13　まちカフェ

また集合住宅としての新たな試みとして、スケルトン部分のベース改修が終わった段階で内覧会を実施し、セルフビルドによるリノベーションを前提とした居住者募集のコンペをおこなった。これはOpen A代表・馬場正尊氏の協力を得て「堀川DIY実験」としてプロジェクトを推進、第一期で四戸、第二期で四戸の募集をおこない、二倍以上の競争率で入居者が決定した。現在はそれぞれのDIYが終わり、入居がはじまっている（図14〜16）。

京都ならではのコミュニティに溶け込みながら、まち全体を活性化させる仕組みをもつ堀川団地の「やわらかな再生ビジョン」は、新たなまちの歴史をスタートさせた。一つのシナリオに縛られないやわらかな再生が、今後どのように展開していくのか注目されるところである。

ベースの改修は、京都府住宅供給公社で実施
既存の内装を残す度合い（面影度）の異なる4住戸を用意

改修前住戸平面図
改修後住戸平面図

図14　堀川DIY実験の概要

図16　堀川DIY実験・完成写真

○入居者2の属性
・40代・女性
・陶芸作家
・DIY経験なし
○入居日
2014年2月20日
○調査日
2014年3月7日
○住戸平面図
右図

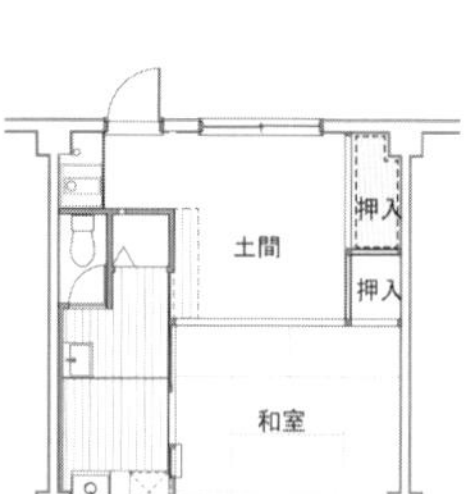

図15　堀川DIY実験の実例

14 求道学舎、集合住宅への再生の試み

近角真一（集工舎建築都市デザイン研究所代表）

第1章 30〜32頁 参照

八〇年の記憶を受け継ぐ

一九二六（大正一五）年に武田五一（一八七二〜一九三八）の設計によって建てられた「求道学舎」は、東京大学正門からほど近くにあり、八〇年にわたる寄宿舎としての歴史の末にリノベーションされてコーポラティブ方式のマンションに生まれ変わった。鉄筋コンクリート造の集合住宅としては都内最古といわれている。アーチ窓が並ぶ三階建の白亜の壁と、周辺の木々の緑が美しいコントラストをみせている。

築八〇年の歴史的建造物のリノベーションプロジェクトが成功に導かれた背景には、いまの端正な佇《たたず》まいからはうかがい知れない廃墟との猛烈なる格闘があった。

近角常観と求道学舎の歴史

「求道学舎」がある敷地内には、もう一つ武田五一の設計した建物がある。一九一五（大正四）年に建築された「求道会館」という仏教教会堂で、この求道会館と求道学舎は、共に真宗大谷派の僧侶近角常観《ちかずみじょうかん》、私の祖父が建築主である（図1）。

求道学舎が建つ本郷六丁目のあたりは、かつて岡崎藩主本多家の下屋敷があったところで、袋小路や小径に藩邸内の名残りがある。廃藩置県で岡崎藩が廃された折につくられた憲兵屯所の廃屋を手に入れ、仏教改革を志した常観は、この地を拠点に宗教活動を展開していく。その建物を学生寮としたのが初代の求道学舎（一九〇二年）で、洋行帰りの常観が三二歳の頃である。周辺の土地を少しずつ買い足し、武田五一に設計を依頼して一九一五年に建てたのが求道会館である（図2）。関東大震災でダメージを受けた木造の求道学舎をRC造に建て直す設計も武田五一に依頼して、現在の二代目の求道学舎が完成した。

常観はこの求道学舎で学生たちと寝食を共にする一方、広く世に向けた宗教活動として日曜講話を開き、当

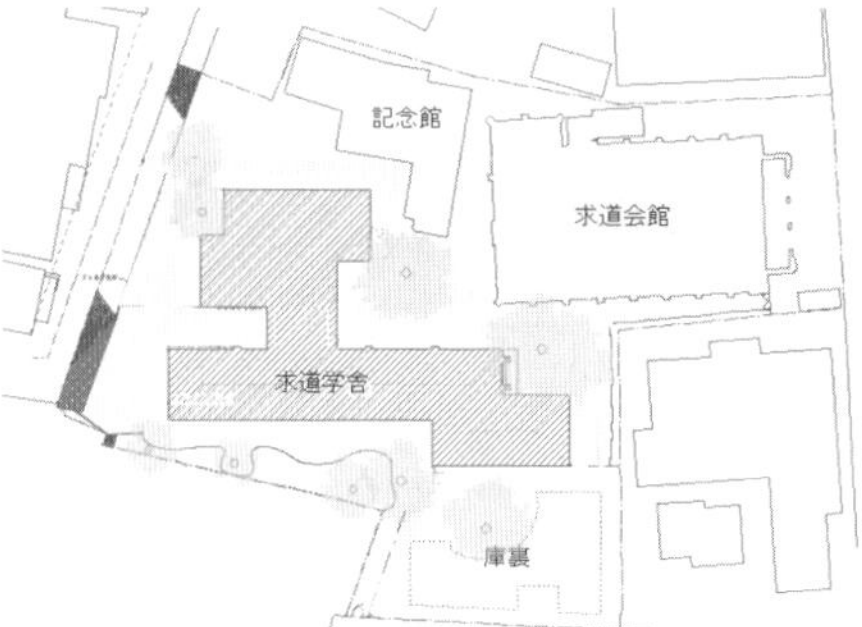

図1　配置図（求道学舎と求道会館）

図2　竣工時の求道会館（1915年）

時の知識人・青年たちに大きな影響を与えた。一九四一（昭和一六）年、常観の没後は弟の常音《じょうおん》が継承したが、その常音の没後に求道会館は閉鎖され、以後約四〇年間、一切使用することなく放置され廃墟となったのである（図3）。

求道会館の復原工事が先行した

東京大学建築学科を卒業し、設計事務所勤務を経て、ようやく独立を果たした時に父が亡くなり、私はこの二つの建物の所有者となった。

そもそも、求道会館も求道学舎も、東大正門のすぐ近くにありながら、建築学科の教授も含めて誰もこの建物が武田五一の作品だとは知らずにいた。関東大震災での大被害の結果、応急の耐震補強で建物の外観がすっかり変わってしまっていたので、まったく忘れられた存在となっていた。閉鎖されたあとは雨漏りやシロアリの被害で、天井はめくれ、階段は崩れ落ち、木部の梁が一部落下するという、みるも無惨な状況で、近所の子どもたちからは「お化け屋敷」と呼ばれていた。

敷地も広く、木を剪定《せんてい》するだけで一〇〇万円単位のお金がかかるなど、独力でこの場所を維持することなど不可能であった。壊してマンションを建ててはとい

図3　放置された求道会館の内部

う誘いもあったが、建築を学んでいる以上、武田五一の建築を壊すことなどできない相談で、文化財として「求道会館」を修復する以外に選択肢は残されていなかった。しかしどうすればその道が開けるのか。

　戦略のポイントは二つあって、「ヘリテージの証明」と「リーシングの保証」である。まずは、この建物が復原価値のある建物であることを証明する資料の収集である。自力で史料を探すだけでなく、多くの先生方に助力を請うた。その結果、無事に第一の関門を突破したが、今度は東京都から修復後の活用計画、つまりリーシングの保証を求められた。常観が属していた教団である京都の東本願寺に出向き、復原後の利用の確約をとりつけた。その結果、東京都の決裁が下り、一九九六（平成八）年に東京都指定有形文化財としての復原工事にたどりついたのである（図4・5）。

　控柱〔塀などが傾くのを防ぐための支柱〕や臥梁《がりょう》〔壁の頂部をかためる水平の梁〕部のレンガを鉄筋コンクリートに置き換え、壁体のレンガには二〇センチピッチでエポキシ樹脂を注入し耐震補強をしたが、外観上は完全にオリジナルな姿に復原した。また内部の木部の腐朽部分はすべて取り替え、照明器具はレプリカを製作し、空調や音響設備を新設するなど、六年がかりの修復工事を終えた。復原後の求道

図4　復原された求道会館の外観

図5　同・内観

会館は、常観が五一に設計を依頼したときの注文の一つ「優美典雅」の趣を取り戻した。

しかし建物が機能しはじめると、年間二〇〇〇人を超える来館者が訪れるようになり、廃墟の時は一銭もかからなかった維持管理にお金がかかるようになった。当時寄付金などで一〇〇〇万円ほどあった蓄財が三年で尽きてしまい、毎年発生する三〇〇万円の赤字を解消するために、一九九九（平成一一）年から無人となっていた求道学舎のリノベーションへと進むことになった。

求道学舎プロジェクトの仕組み

求道会館修復の際は、文化財という観点から厳密な考証による復原が求められた。そのため、費用は公的助成金に大きく依存したものの、経常収支は大きくマイナスとなった。一方、求道学舎プロジェクトでは、保存と利用の均衡を図って、民間市場から集めたお金で修復することを計画した（図6）。つまり保存を貫けば経常収支は赤になり、利用を優先すれば公的助成金の道は閉ざされ

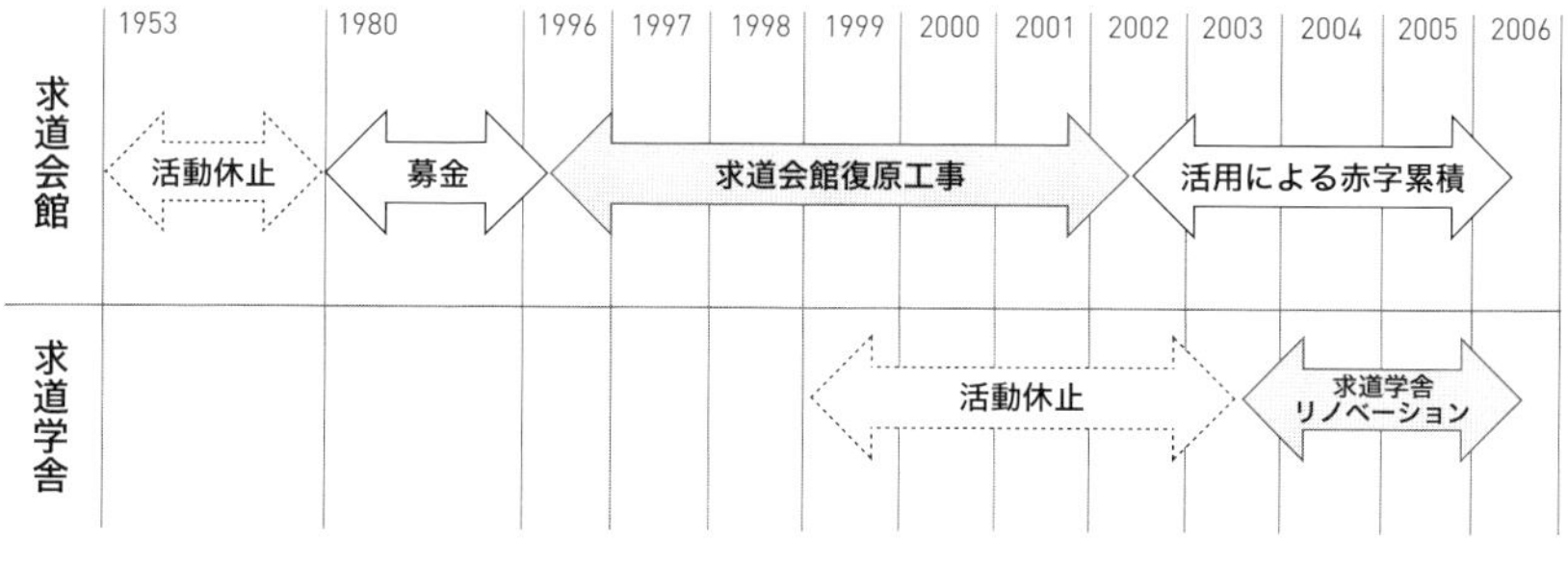

	修復の位置づけ	修復の原則	修復費用	維持費用	
求道会館	文化財の修理	厳密な考証に基づく復元	公的助成金に大きく依存	経常収支はマイナス	赤字補填
求道学舎	歴史的建築物の再生	保存と利用の均衡を図る	民間市場ベースで募集した居住者が負担	収益性の確保	地代収入

図6　求道会館復原工事と求道学舎リノベーション

るという二者択一の後者を選択したのである。

「中古建築物リノベーション」「定期借地権」「コーポラティブ方式」という選択された三つの方式の組み合わせは、当時は明確には意識していなかったが、「リノベーションエンジニアリング」「ファイナンス」「リーシング」という建築再生事業に必須の三本柱に対応したものになっている。定借コーポラティブと言えばスケルトン定借「つくば方式」（建物譲渡特約付定期借地権）であるが、それが新築工事を対象にしているのに対して、求道学舎は「つくば方式」の中古住宅版ということができる。そこで、つくば方式のコーディネーター経験者である田村誠邦氏を事業パートナーに迎え、つくば方式を中古住宅にアレンジした事業の仕組みを共に考案し、プロジェクトを進めていったのである。

居住者は六〇年の長期賃借権を比較的安価に手に入れ、しかも自分好みに自由設計したわが家に住むことができる。期間終了後は建物を地主に売却し、定期借家権住宅として二年間居住後に退去するスキームである。

定借の六二年の間、住宅性能が良好な状態に保たれなければ、地主として責任を果たしたことにならない。そのためには、この住宅が長寿命建築として万全の対策を施したものでなければならず、そのため

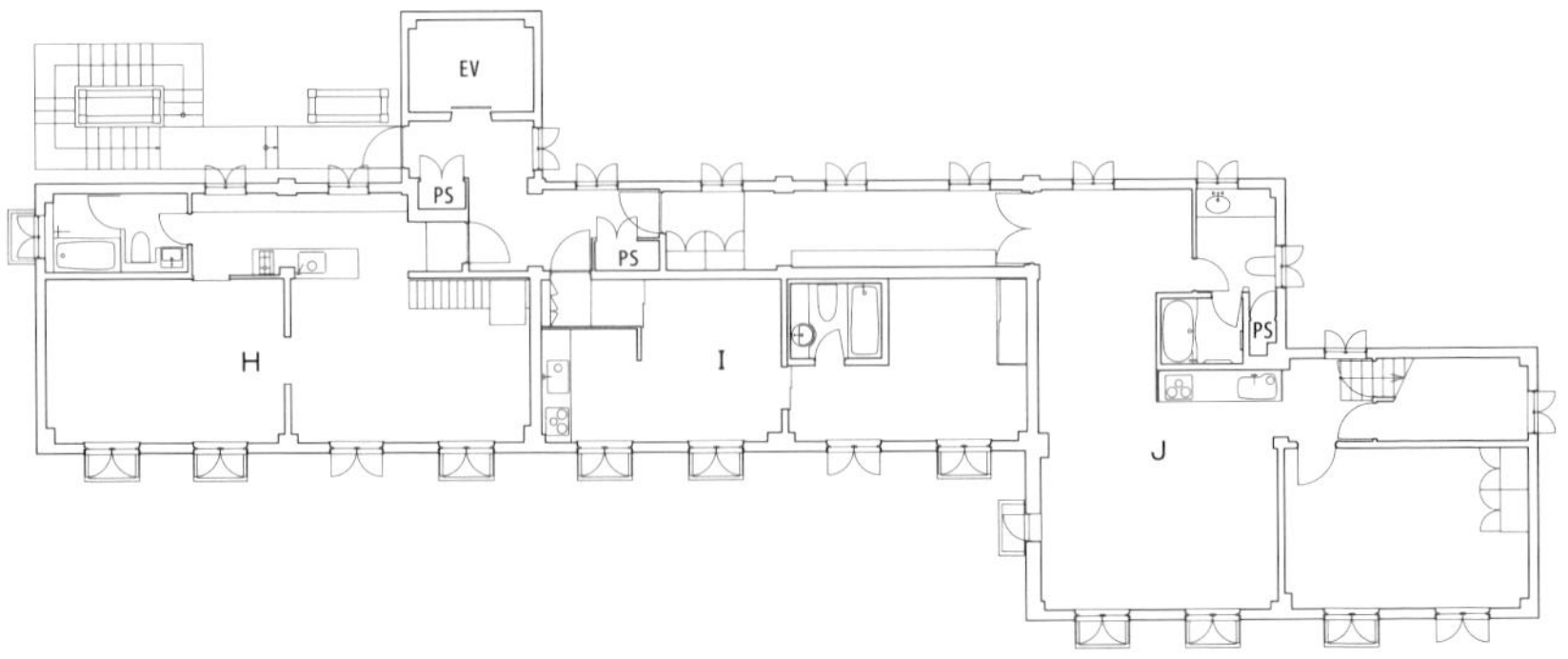

図７　３階平面図

のエンジニアリングが重要になる。

既存躯体の悪い部分を取り除く、つまり錆びた鉄筋は新品の物に取り替え、ジャンカ（コンクリート構造物で空隙の多い不良部分）やコールドジョイント（コンクリートの打ち込み間隔が長いために生じる不連続面）などは斫《はつ》り（コンクリート構造物を壊したり削ったりすること）出し、吹き付けコンクリートを施工する。新築同然の耐震性を確保するために耐震補強をし、最後に耐久性向上のために外壁にポリマーセメントモルタルを吹き付ける。歪み直しの吹き付けコンクリートを施工したあと、さらにその上に通常マンションで実施されている有機樹脂材を塗布した。

最新の内装設備を導入するためには、この建物がもともと一階は三・一八、二階は三・二八、三階は三・六八メートルという破格の階高《かいだか》を有していたことが幸いし、最新のスケルトン・インフィル技術の導入が可能であった（図7～10）。

これからのリノベーションプロジェクトに向けて

こうして「つくば方式」を下敷きにしながら組み上げた三つのシステムにより、求道学舎はよみがえった。しかしこの

図8　求道会館断面図

図9　修復の前と後

図10　住戸の修復前と後

求道学舎で経験したことを踏襲すれば、同様のプロジェクトが成功するとは安易にはいえない。というのは、まずそもそも求道学舎のように文句なくヘリテージが証明できるような中古住宅はそう多くは残っていない。より若い建築についてはヘリテージだけでなく、その建物を残す理由、必要性について議論を深めていく必要がある。

古い建築物を残していくための法制度改革は絶対に必要であるが、その歩みは緩やかである。求道学舎の確認申請の場合には五十数回にわたって役所に出向いたが、そのとき上手くいった手法が次に有効であるとは限らない。確かに法不適格部分への遡及緩和は進んでいるが、条文表現はより複雑になっており、法適合性を証明するためのエンジニアの養成は急務である。

ファイナンシングやリーシングへの取り組みのためには、建築士以外の職能との連携が不可欠であり、この意味では求道学舎でのチームワークが切り開いたビジネスモデルへのチャレンジが今後、さまざまなかたちで継続されることを望みたい。

15

建物の価値を確認する「住まいの履歴書」づくり

内田青蔵
（神奈川大学教授）

「保存ガイドライン」の必要性

これまでことあるごとに、歴史的建造物や暮らしぶりを大切にし、可能なかぎり受け継ぎながら生活していくことを勧めてきた。それなのに現実の社会では相変わらず、汚くて傷んでいて価値がない、現代生活に適合しない、あるいは、土地の高度利用のためには高層化するしかない、といったさまざまな理由で取り壊されている。だが、本当にそうした理由や判断は正しいといえるのか、といつも思う。

近代以降の建築を象徴する鉄とガラスとコンクリートは、工業生産化により大量生産された材料であり、一見、きれいで耐久性もありそうだが、時間の経過とともに錆びたり汚れたりし、その変化はけっして美しいものではない。それに対し、歴史的建造物の主要材料である木材や竹などの植物系素材、あるいは、土壁や瓦・レンガといった粘土などの自然素材を加工した材料の変化はわび・さびといった風格を感じさせるものであり、時間の経過によりはじめてたどり着くことができる魅力的な姿をみせるものが多い。日本の伝統的感覚といわれる自然素材の嗜好は、素材が時とともに美しいものに変貌していくことを楽しむことを意味しているのだ。

こうした伝統的な感覚を思い出しながら、歴史的建造物や暮らしぶりを振り返ると、それまで気づかなかった魅力を発見することがある。歴史的建造物の価値を判断するためには、現在からの視点とともに建設された当時の視点という複眼的視点をもつことが必要だ。そのためにも、古いから建て替えよう、新しい生活のために改修しようと思ったら、まず、取り壊しや改修工事の前に、改めてその建物やそこでの暮らしぶりを再確認することが必要なのだ。

建物を取り壊すことは簡単だが、もう二度と同じような建築物をつくることはできない。材料も技術もモノづくりの環境は大きく変わってしまい、かつての当たり前の材料もちょっとした専門技術もほとんど継承されていないため、今日では高価な材料となり、また、特殊な技術となっている場合が多いからだ。

古い建物を新しく建て替え、あるいは、改修工事後に、〝前の建物のほうがよかった〟と後悔しているという声を聴くことがある。せっかくの大決心なのに、そんな結果となるのは残念だ。やはり後悔することなく、新しくつくり替えるためには、工事前に必ず、自らの生活の場であった古い建物の価値や魅力を再確認することが必要なのだ。こうしたことを踏まえ、日本建築学会では二〇〇七（平成一九）年に、建物を取り壊す前に建物の価値をチェックすることを勧めている。『建造物の評価と保存活用ガイドライン』（図1）だ。これによれば、建物のもつ基本的価値を確認するために、以下の五つの観点を挙げている。

図1　『建造物の評価と保存活用ガイドライン』（日本建築学会）

①歴史的価値
②文化・芸術的価値
③技術的価値
④景観・環境的価値
⑤社会的価値

きわめて簡潔にまとめられた「ガイドライン」であるため、説明不足で少々わかりづらいが、少なくとも建物の価値はきわめて多面的に考えるべきであると主張されていることは十分理解できる。建物には、こうした多様な価値があるにもかかわらず、これまでは建築様式という学術的観点だけでその価値を判断する傾向が強かった。そうした傾向を反省し、この「ガイドライン」では、これまであまり注目されてこなかった施主の記憶や家族の記憶といった観点（①）から建築の価値をみたり、その建物にみられる材料や技術といった技術的側面（③）、あるいは、創建時の社会の反映としての建物に込められた文化・芸術的価値（②）、さらには、こうした建物に内在した魅力とともに地域や周辺景観といった建物の建つ地域との関係も一つの価値（④⑤）として評価している。

とりわけ、地域との関係といった観点を拡大化すれば、質の高い建築でなくとも、その地域から生まれた有名人の生家、地域の人々が長い間親しんだ建築、といったものも歴史的建造物として貴重であることが理解できるであろう。また、社会的価値としての建築のもつ公共性とは、その建物が個人のものであっても、すべての建築は出現したと同時に公共の景観を構成する一つの要素として地域の景観に組み込まれてしまう運命にあることを意味している。それは言い換えれば、各建築は個人のものであっても、景観は公共的なものであり、それゆえ、周囲の人々にとっても大切なものとして位置づけられるということだ。そして、こうした見方こそ、実はこれまで絶え間なくおこなわれてきた建築の保存運動の基本的根拠の一つでもあったのである。

また、一九九六（平成八）年に公布された登録有形文化財として登録する基準も『建物を活かし、文化を生かす――文化財登録制度のご案内』（図2）のなかで示されている。そこでも、建物のもつ価値を多面的に捉え、具体的に以下の三点を基準として挙げている。

A：国土の歴史的景観に寄与しているもの
B：造形の規範となっているもの
C：再現することが容易でないもの

図2 『建物を活かし、文化を生かす』（文化庁）

Aは、その土地の歴史や文化を知るのに役立つもの、絵画などの芸術作品に登場するもの、Bは、デザインが優れているもの、著名な建築家や施工者が関わったもの、デザインが時代の特徴を示すもの、Cは優れた技術や技能が用いられているもの、現在では珍しい技術や技能がみられるもの、といったことが具体的に記されている。

日本建築学会の作成した「ガイドライン」は、この登録有形文化財の考え方を発展させたものでもあり、歴史的建造物のもつ価値を再定義したものでもある。いずれにせよ、建物にはさまざまな価値や意味が込められており、そうした価値や意味をきちんと理解し、そのうえでどうするのかを考える必要があることは明らかであろう。

簡単で基本的な「住まいの履歴書」のつくり方

歴史的建造物の価値を確認するために、最低限、何をすべきか。基本は、建物に関しての記録を整理することだ。私たちが就職するときに、自分がどのような人物でどのような能力があるかを示すために履歴書を書くように、建物の履歴書を書く、と考えればわかりやすいだろう。とりあえず、これまでみたきた「ガイドライン」の考え方をもとに、建物の価値を確認するための履歴書、ここでは「住まいの履歴書」と呼びながら、その作成の仕方を簡単に示してみよう。

建物の価値を明確化するために一番大切で必要な情報は、建築年代を明らかにすることだ。建築がその時代や社会を反映したものである以上、建築年代はその価値を定めていくうえで最も重要な情報といえる。当然ながら､建築年代に関わる情報は､建築図面や契約書あるいは支払い書類といった創建時の文書資料が残っていれば、比較的簡単に明らかにすることができる。そのため、まず、建築関係の文書資料があるかどうかの資料探しから作業ははじまることになる。資料がみつからなければ、聞き取りという方法を採ることになる。親戚やご近所の方々からヒアリングし、その内容をもとに情報を整理することになる。それでも建設年代がわからない場合は、建物や土地の登記簿などから建築年代を想定することができる場合もある。

建築年代が判明あるいは推定できたら、次は、建物の設計や施工に関わった建築家や大工について情報を集めることが必要だ。この作業は、登録有形文化財の基準のＢに関係する作業といえるもので、著名な建築家や施工者が関わっていることがわかるだけでも、十分その建物の特徴や価値が明確になる。また、ここでは、その担当した技術者と施主の関係などを聞き取りすることも必要だ。そこに、施主が新築にあたってどのようなことを考えていたのかを知るヒントが隠されていることもあるし、建物の成立の経緯の秘話が判明することもあるからだ。

また、当然だが、施主についても情報を集める必要がある。施主の学歴と職業、家族構成、あるいは建設地の由来などについてなども、建設当時の建物の理解のためには必要だ。この際なので、祖父や祖母、あるいは叔父や叔母といった親戚からのヒアリングを肉親たちとの交流を深める機会にするとよい。とくに、祖父や祖母、あるいは叔父や叔母から、当時の生活の様子などもヒアリングしてみると、その時代の生活の特徴が発見できたり、それまで知らなかった家族の歴史を知ることができるかもしれない。そうした親族との交流により、建物の価値がもっとよく理解できるようになるはずだ。

なお、建築関連の文書資料がない場合もあきらめてはいけない。小屋裏を覗くと、棟木《むなぎ》〔屋根の最上部に水平にわたされる部材〕や棟木を支える束に棟札《むなふだ》というものがあって、上棟式の年代や工事に関わった関係者の氏名が記されている場合があるからだ。棟札は必ず存在するわけではないが、発見できれば上棟式の年号があり、大体の建築年代が判明できる。

建物そのものを対象にした作業も必要だ。建築図面があれば、それをもとに現状の建物と比較し、創建時のままの部分と増改築された部分を確認することができる。それと同時に、ヒアリングと合わせて経歴書に転職状況を書くように、建物の増改築の年代と目的などを年表風に整理すると、ようやく家の歴史が完成だ。可能ならば、インテリアの改修や家具や照明器具や改変なども整理したい。図面がない場合は、目視で判断することになる。要は、自分の目でみながら、古い部分と新しい部分とを、ヒアリングなどを参考にしながら確認していくことになる。いずれにせよ、こうした作業を通じて現存建物のどの部分が創建時のものなのかが明確になる。

次は、ますます判断が難しい作業になる。創建時の建物の様子を想定しながら、その間取りの特徴や意匠的な特徴を整理していく作業だ。ただ、この作業は、必要ならば、プロに依頼したほうがいいだろう。ちなみに、私の研究室にはしばしば、こうした調査依頼がある。そうすると、学生五、六名と一緒に一、二日ほど伺い、建物の内外をみながら実測という作業をおこなって、現状の建物の図面をつくる。同時に写真撮影やヒアリングなどもおこなう。古い建物との出会いは私もうれしく、学生の勉強になるし、卒業論文として取り上げることもある。最終的には図面とともにその間取りの特徴や時代的特徴などを整理して報告することになる。

さて、プロにお願いするのも……と躊躇する人は、自分自身の目を信じて作業すればよい。間取りは簡単なスケッチでかまわない。次に、魅力的だと思う部分を写真撮影し、部屋名や特徴についてのコメントを併記して写真を整理する。また、外観写真はもとより、景観の要素としての状況を示す写真も撮りたい。改めて、地域周辺の景観の要素としての住宅の意味を考えるいい機会になるだろう。

以上の作業が、とりあえず必要だ。改めて建物の価値を明らかにするための作業を、「保存ガイドライン」として列記すれば、以下のようになる。

①建築関連資料の有無の確認
②創建年代の確定・推定
③建物の設計や施工に関わった建築家や大工について情報の整理

④施主の学歴・職業、当時の家族構成などの情報の整理
⑤建物の増改築遍歴の整理
⑥創建時部分の確定
⑦間取り図の作成
⑧魅力的な部分の写真集の作成
⑨景観としての位置づけのための写真集の作成

とりあえず、ここまでの作業を通して自らの建物を客観化し確認できれば、自ずと建物の魅力を再発見できると思う。そうした作業を経てから、建物をどうすべきかを考えたらどうだろうか。自らの生活や住まいとしっかりと向き合う作業は、私たちに受け継ぐことを前向きに受け止めることができるような余裕も与えてくれるだろう。

必要であれば、私も相談や手伝いに応じたい。遠慮なく問い合わせをしていただきたいと思う。

Column

信託を用いた建物の保存・利用継続の可能性と課題

田村誠邦（明治大学特任教授）

住宅を受け継ぐうえでの一つの手法としての信託

近年、地域の文化資源として、文化財のみならず、地域の古き良き建築を残し、利用しようとする市民の意識は着実に高まりつつある。しかし、個人の所有する住宅については、相続による所有者の代替わりや、売却による所有者の変更の際に、建築的、あるいは文化的価値のある住宅が取り壊されることがきわめて多いのが現実である。

住宅が個人の財産である以上、その所有者が建て替えや取り壊しの意思をもっている場合には、残念ながら、その住宅の建て替えや取り壊しを阻止する方法はほとんどない。その一方で、現在の所有者に、住宅を保存し、利用し続ける意思がある場合においても、実際にその住宅を保存し、利用し続けることは、それほど容易なことではない。

たとえば、所有者に、住宅の保存や利用継続の意思があった場合でも、その所有者に相続が発生した場合には、遺産分割や相続税の支払いのために、当該住宅とその敷地が売却され、購入した第三者により、当該住宅が取り壊される可能性が高い。また、住宅の保存や利用継続の意思をもっていた所有者が、認知症などで意思能力を喪失した場合にも、その住宅が適切に管理されず、保存や利用継続が困難になる可能性が高いのである。

こうした事態を避ける一つの方法として、所有者の住宅に対する保存、利用継続の意思が明確な時点で、所有者が、その住宅、または住宅とその敷地を、「建物の保存と利用継続」を目的として第三者に信託し、当該第三者が、その住宅または、住宅とその敷地を、運用・管理していく仕組み（以下、「信託方式」という）が考えられる。以下、この「信託方式」に関して、その可能性と課題について検討をおこないたい。

信託の仕組み

(1) 信託とは

「信託」とは、財産をもっている人（「委託者」）が信託行為（信託契約や遺言等）によって、信頼できる相手（「受託者」）にその財産（「信託財産」）の名義や管理処分権を移転し、受託者は委託者が設定した信託目的に従って、その信託財産の運用・管理・処分などをおこなうことによって、そこから得られる利益を、特定の利益を受ける人（「受益者」）に与える仕組みのことである。なお、「受託者」が信託財産の運用・管理・処分などをおこなう場合に、手数料などの報酬を得るのが一般的である。

たとえば、「土地信託」と呼ばれる仕組みでは、委託者が所有する土地を信託財産として受託者に信託し、受託者はその土地上に貸しビルなどの収益用建物を建設し、その建物を管理運用して得られる賃料収入から管理運用に必要な経費を差し引いて受益者に交付する。その際、受託者は建物の管理運用等をするための手数料として、賃料収入から一定の信託報酬を得ることになる。

一定の信託期間が満了すると、受託者は満了時点で保有するすべての信託財産を受益者に給付し、財産の所有権を受益者に移転し、信託関係が終了することになる。

(2) 信託の方法

信託の方法としては、①信託契約を締結する方法（信託契約）、②信託遺言をする方法（遺言信託）、③自己信託設定証書を作成する方法（自己信託）の三つの方法があるが、①の契約信託が最も一般的な方法である。

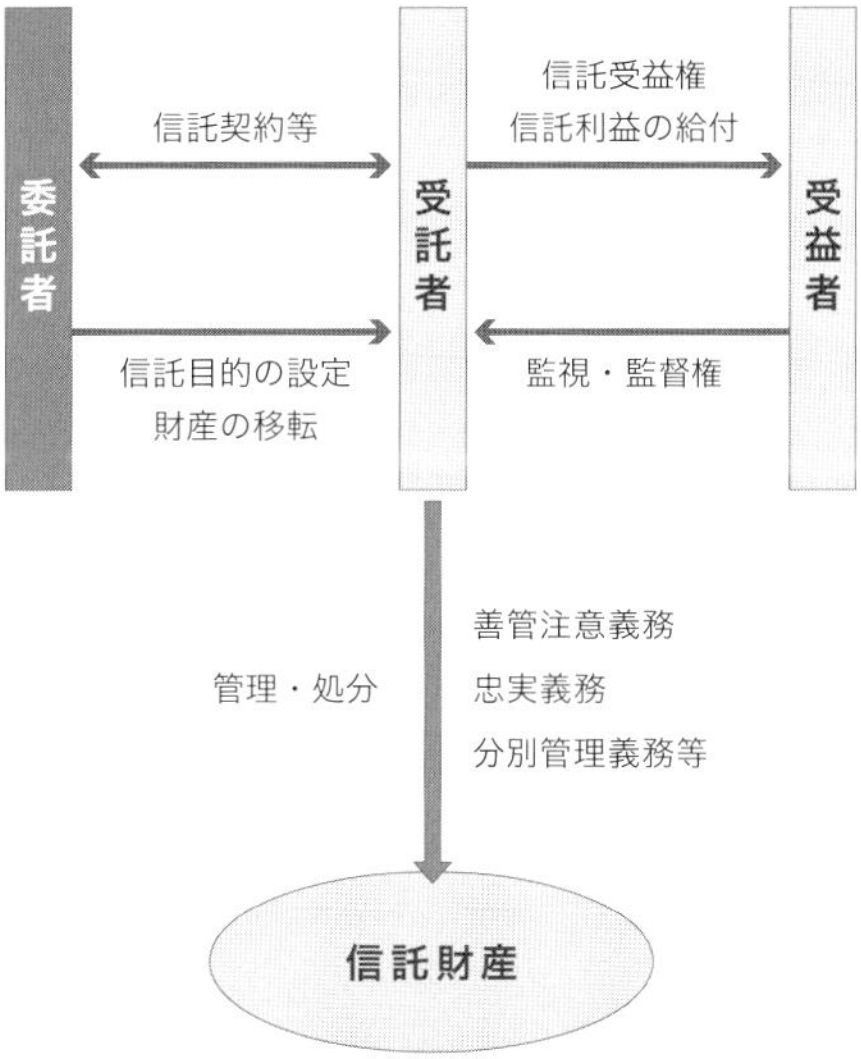

図1　信託の仕組み

住宅を受け継ぐ仕組みとして利用するうえでも、一般的には、この契約信託を用いることが想定される。契約信託においては、委託者と受託者の間で信託契約が締結されたときに、その効力が発生する。

(3) 信託の変更

委託者、受託者および受益者の三者間の合意があれば、いつでも信託の変更や併合、分割をすることができる。また、その変更が信託の目的に反しないことが明らかであれば、受託者と受益者の合意だけで変更することができる。このほか、予見できない特別の事情によって、信託の事務処理の方法が、信託の目的や信託財産の状況に照らして受益者の利益に適合しないことに至った場合は、委託者、受託者または受益者の申し立てにより、裁判所は信託の変更を命じることができる。

(4) 信託の終了・清算

信託は、次に掲げる七つの事由を終了事由として終了する。

①信託の目的を達成したとき、または信託の目的が達成不能となったとき

②委託者と受益者が共同して、受託者に対して信託の終了を請求したとき（ただし、信託行為に別段の定めがあるときには、その定めに従う）

③信託行為の当時予見することのできなかった特別の事情により、信託を終了することが信託の目的その他の事情に照らして受益者の利益に適合する

に至ったことが明らかである場合で、委託者、受託者または受益者の請求により、裁判所が信託の終了を命じたとき

④受託者が受益権の全部を固有財産で取得した場合で、その状態が解消されないまま一年が経過したとき

⑤受託者の全部が欠けてから、新受託者が就任しないまま一年を経過したとき

⑥委託者が破産開始手続開始の決定等を受けた場合において、破産法第五十三条第一項の規定により、信託契約が解除されたとき

⑦他の規定または信託行為に定める終了事由が生じたとき

信託の終了事由が生じた場合でも、清算のための清算事務が終了するまでは、信託は存続する。信託の終了事由が生じたあとの受託者は、信託終了時の受益者と帰属権利者に対して、信託事務の最終計算の承認を求め、帰属権利者等に対して残余財産の給付をしなければならない。

(5) 信託財産

信託財産とは、委託者から管理または処分すべきことを委託されたすべての財産で、受託者に属する財産ではあるが、信託目的に拘束され、受託者の固有財産とは区別して取り扱われる。たとえば、受託者が破産しても信託財産は破産財団に組み込まれることはない。このため、ある財産が信託財産に属することを第三者に対抗するためには、登記・登録制度の対象となる財産については、その財産の登記または登録をしなければならない。したがって、土地や建物、地上権など登記によって第三者への対抗要件を備える財産については、委託者から受託者への所有権移転登記がなされないかぎり、信託の効力は発生しないことになる。

なお、信託財産であっても、信託前の原因によって生じた権利（たとえば、信託前に信託財産に付けられた委託者の債務を担保する抵当権等）や、信託前に生じた委託者に対する債権であって、その債権に関わる債務に信託財産を引き当てとする旨の信託行為の定めがあるものなどは、強制執行が可能な権利であり、注意を要する。

(6) 委託者

委託者とは、財産権を受託者に引き渡し、信託を設定する者のことである。二〇〇七（平成一九）年に施行された新信託法では、受益者の権限が拡大する一方で委託者の権限は縮小されているが、受託者や信託管理人等の信託財産の管理が不適正であったためにその信託財産に損害を与えた場合や、勝手に信託財産を処分されたような場合には、委託者はその損害賠償や、その財産の原状回復の請求ができることとされている。また、受託者および受益者の同意を得るか、または信託行為において定められた方法に従えば、委託者の地位を第三者に移転できることとなっている。

なお、契約信託においては、委託者の相続人は、相続により委託者の地位を承継する。また、遺言信託の場合には、委託者の地位は、信託行為に別段の定めがある場合を除き、相続人には承継されないこととなっている。

(7) 受託者

受託者とは、信託財産の管理・運用・処分を引き受けて、その信託の目的に従って、信託財産を管理・運用・処分、その他の信託目的達成のために必要とされる行為をする義務を負う者である。

受託者には、次のような義務が課されている。

①信託事務処理遂行義務
②善管注意義務（善良なる管理者の注意義務）
③忠実義務（利益相反行為の制限、競合行為の制限等）
④公平義務
⑤財産の分別管理義務
⑥信託事務処理の第三者への委託に関する責任（選任および監督義務）
⑦信託法事務処理の報告、帳簿の作成、保存義務
⑧損失補塡責任

これらのうち、忠実義務とは、受託者が自己や第三者の利益のために受益者の利益を損なうことはあってはならず、受益者の利益のためにのみ信託行為をすることを指す。具体的には、利益相反行為として受託者がしてはならない禁止項目（自己取引、信託財産間取引、双方代理行為、間接取引）を定めている。なお、

利益相反行為に該当する場合でも、信託行為にその行為をすることを許容する定めがあるときや、受託者がその行為についての重要な事実を開示して受益者の承認を得たときなど、許容される場合がある。また、受託者と信託とが同じ行為について相争う関係にある場合には、受託者は受益者の利益のために行動し、信託のほうを優先する義務がある。

(8) 受益権

受益者とは、受益権を有する者をいい、受益権とは、信託に基づいて信託財産から発生する経済的利益を受け取る受益者の権利のことである。多くの場合、受益者は信託行為により特定されていて、複数の者が受益者になることもできる。また、委託者自身や例外として受託者も受益者になることができる。委託者自身が受益者になる信託は自益信託という。自益信託では、委託者と受益者が同一なので、贈与税や不動産取得税などの課税関係は発生しない。一方、委託者と受益者が異なる場合を他益信託といい、他益信託では、利益が第三者に移転するため、贈与税等が課税されることになる。

なお、例外的に受託者も受益者になれるケースとしては、信託の終了原因として、受託者が受益権の全部を固有財産で有する状態が一年以上継続したときと規定されているが、一年以内であれば、受託者が唯一の受益者であってもよいことになる。また、受託者が複数の受益者の一人であるならば、長期間継続してもかまわない。

受益者は、受益権を譲渡することができる。ただし、その場合、譲渡人は受託者に対し、確定日付のある証書によってそのことを通知し、これを受託者が承諾しなければ第三者に対抗することができない。また、受益者は受益権を放棄することもできる。

受益者は、信託財産や受託者への監督権や、受託者に対する損失補塡等の請求権を有する。また、受託者が法令もしくは信託行為の定めに違反する行為をしたり、その行為をおこなう恐れがある場合で、その行為によって信託財産に著しい損害が生じる恐れがあるときは、受益者に対して、その行為の中止を請求することができる。

信託の監視や監督は受益者がおこなうのが原則であるが、受益者がのちに指定される場合や、まだ誕生していない者を受益者とする場合等、受益者が現存しない場合や、受益者が現存していても高齢者や未成年者の場合など、受益者が受託者を適切に監視・監督できない場合もある。こうした場合、信託法では、信託管理人、信託監督人、受益者代理人を選任できることになっている。

信託管理人は、受益者が現存しない場合には、受益者の権利についての一切の行為をする権限を有する。信託行為に信託管理人となるべき者を指定する定めを設けることもあるし、その定めがないときや指定された者が就任しないときには、利害関係人の申し立てにより裁判所が選任することができる。

受益者が現存する場合には、信託行為において信託監督人となるべき者を指定することができる。その定めがないときや指定された者が就任しないときに、受益者が受託者の監督を適切におこなうことができない特別の事情がある場合には、利害関係人の申し立てにより裁判所が選任することができる。信託監督人は受益者を補完する者であり、信託監督人が選任されていても受益者は権利を行使することができる。

受益者が不特定の場合や多数の場合に、信託行為の定めにより全部または一部の受益者のために受益者代理人を選任することができる。受益者が現に存在しない場合において、信託行為に受益者代理人に関する定めがないときや指定された者が就任しないときには、利害関係人の申し立てにより裁判所が選任することができる。受益者代理人は受益者が現存する場合に、信託行為においてその代理する受益者のために権利に関する一切の行為をする権限を有する。受益者代理人があるときは、その受益者代理人に代理される受益者は、一定の権利を除き、その権利を行使することができない。

⑼ 商事信託と民事信託

「商事信託」は、営業信託とも呼ばれ、信託の引き受けが営業としてなされることをいう。これは、受託者が営業として引き受ける信託であり、営業とは、収益または報酬を得る目的で継続的・反復的に引き受けることとされ、商事信託をおこなうには、免許または登録が必要である。商事信託の場合は、信託法のほか、信託業法（信託業務を営む金融機関の場合には、信託業法に加えて金融機関の信託業務の兼営等に関する法律）の適用を受ける。

これに対して、営利を目的とせず、特定の一人から一回だけ信託を受託しようとする場合には、信託業の免許は不要と考えられ、このような信託を「民事信託」と呼ぶ。

建物の保存や利用の継続を目的とする場合は、一般に収益力が低いため、商事信託を適用することは経済的に困難なケースが多く、民事信託が適していると考えられる。しかしながら、建物の保存や利用継続を目的とする組織が受託者となり、これを有償で複数回引き受ける場合には、継続反復の営業行為とみなされ、信託業法上の免許が必要とされる可能性が高い。

建物の保存や利用継続への信託方式の活用の可能性

(1) 信託の利点

(ア) 委託者のメリット

①財産の保護

委託者が所有する財産を信託の設定によって受託者に移転するため、委託者の倒産リスクから財産を隔離できる。また、原則として信託財産には、委託者の債権者は強制執行をかけることができない。さらに、委託者の死亡後も当初の意図に沿った財産等の承継が可能となる。

②委託者死亡後の財産管理

委託者の死亡後も委託者が生前に設定した信託目的に従って受託者が財産管理をおこなうので、委託者の当初の意図に沿った財産等の承継ができる。また、長期にわたって受託者の信用・ノウハウを活用した財産管理が可能となる。

③税負担の軽減

信託を原因とした所有権移転登記では、一般の所有権移転登記に比べ、登録免許税が軽減され、さらに、不動産取得税は非課税となる。

④委託者の意思の尊重

委託者が設定した信託目的に基づき受託者が信託財産を運用、管理、処分するため、委託者の信託設定時の意思が尊重される。

⑤受益者の指定

信託契約に基づき、委託者はさまざまな受益者をあらかじめ定めておくことができる。たとえば、第一次受益者が死亡した場合、その者が有する受益権について、第二次以降の受益者を定めておくことにより、数次にわたり、受益権を承継させることができる。

(イ) 受託者のメリット

①財産運用に関わる責任の限定

受託者は信託事務に関する取り引きで生じた債務について、一定範囲で責任が限定される。また、受託者は委託者および受益者の経済状況等の事情に左右されずに、信託目的に従い信託財産の運用、管理、処分ができる。

②信託財産の隔離

受託者の固有財産と信託財産とは法的に独立しており、受益者の債権者は信託財産に強制執行をかけることができない。

③報酬・費用の請求

受託者は、信託財産の運用、管理、処分をすることにより、委託者から報酬・費用を請求することができる。

④民事信託における手続きの簡易化

民事信託の受託者が法人の場合、その設立には免許・登録が不要であり、最低資本金および営業保証金規制の対象外となる。

(ウ) 受益者のメリット

①収益の確保

受益者は、受託者に信託財産の運用を委ねることにより、受託者の信用やノウハウを活用することができ、信託財産の運用に直接関与せずに、信託の収益配当を受け取ることができる。

②受益権の譲渡

受益者は受益権を他者に譲渡することができる。

(2) 建物の保存や利用継続に関して、信託に期待される効果

建物の保存や利用継続に関して、信託に期待される効果は、一定期間にわたる信託財産に関わる法的安定性の付与である。

信託方式では、委託者の意思に基づく信託行為の定めに従い、信託財産の所有権が形式的に受託者に移転し、受託者がその信託目的に沿った信託財産の運用・管理・処分をおこなうこととされているため、一般的には、信託期間にわたって信託財産に関わる法的安定性が付与されることになる。また、委託者の意思判断能力が十分にある時点で利用することができ、財産名義が受託者に移転するので委託者の事情に左右されずに目的が達成できる。さらに、委託者の死亡後も生前の意思に従って財産管理がなされることになる。

これにより、委託者が建物の保存や利用の継続を意図しているかぎり、信託目的に応じて、信託財産たる建物の保存や利用継続が図られる可能性が高い。ただし、委託者の意思が変更される等の事由により、委託者と受益者の合意のもとに信託が終了されることはありうる。また、契約信託においては、委託者の相続人は、相続により委託者の地位を承継することとなっているため、委託者の死亡により、委託者の地位を承継した相続人と受益者（多くの場合は委託者の相続人）が合意すれば、契約信託は終了することになる。こうした事態を防ぐ方法としては、信託契約において、受託者も複数の受益者のうちの一人として指定されていることが望ましい。たとえば、建物の保存や利用継続をおこなっている組織が委託者と良好な信頼関係を有する場合、建物を含む信託財産を建物所有者（委託者）が当該団体（受託者）に信託し、その建物の収益の一部を毎年当該団体（受託者）に給付する内容の信託契約であれば、受託者は複数の受益者のうちの一人となり、受益者を兼ねる当該団体の同意がないかぎり、信託期間中の信託契約の終了は原則として生じないことになる。

(3) 信託の適用場面

建物の保存や利用継続に関わる信託の適用場面としては、次のようなケースが考えられる。

①建物の保存や利用継続
②委託者が認知症等になった場合に備えての建物の管理・保全等
③委託者に相続が発生した場合に備えての建物の保存や利用継続

以下、順次その具体的な内容をみていくことにする。

(4) 建物の保存や利用継続

まず、建物の保存や利用継続であるが、委託者に、建物の保存や利用継続の意思があっても、高齢の場合や、居住地が遠方である場合など、委託者が自ら当該建物に居住したり管理したりすることが困難なケースは多い。こうした場合に、委託者が建物の保存と利用の継続を目的として、そうした信託目的を達成しうる者(受託者)に、当該建物、または、当該建物およびその敷地を信託し、建物の保存と利用継続を図ることが有効と考えられる。この場合、受益者は、委託者自らが兼ねることが多いと思われるが、委託者の意思により、その法定相続人などの親族や、公共・公益団体等を受益者に指定することも可能である。また、受託者が広く建物の保存継承活動等をおこなっている団体である場合などでは、受託者を複数の受益者の一人として指定することが、信託目的に照らして有効と考えられる。

また、委託者に建物の保存や利用継続の意思があっても、高齢の場合や、居住地が遠方である場合には、当該建物の保存を前提とした第三者への賃貸や売却も困難であるケースが多い。こうした場合にも、委託者が建物の保存と利用の継続を目的として、そうした信託目的を達成しうる者(受託者)に、当該建物、または、当該建物およびその敷地を信託し、建物の保存と利用継続を図ることが有効と考えられる。この場合、受託者は、当該建物の保存と利用の継続を前提としながら、当該建物を第三者に賃貸することにより当該建物の維持保全費用を捻出し、余剰が出れば受益者に金銭給付することになる。

また、委託者が当該建物、あるいは、当該建物とその敷地の売却を希望している場合には、信託財産(当該建物、あるいは当該建物およびその敷地)の管理運用を図りながら、当該建物の保存と利用の継続を前提とした信託財産の購入希望者をある程度時間をかけて募ることになる。購入希望者との条件が折り合えば、受託者は信託財産を当該購入希望者に譲渡し、その対価である売買代金から必要経費を差し引いた残余を、受益者に金銭交付して信託を終了、清算することになる。通常の不動産の売買では、建物の保存や利用継続を担保する仕組みはないが、信託行為に建物の保存や利用継続を信託目的と定めることで、受託者が自ら売主として、信託目的を達成できるような買主を選定できるところに、信託方式の効果があると考えられる。また、建物の保存や利用継続を条件とした不動産の売買では、条件を満たす買主を探すのに時間がかかることが多く、信託の仕組みにより受託者に所有権を移転しておくことにより、条件を満たす買主がみつかるまでは、第三者への賃貸を含む信託財産の管理運用により、日常の維持管理費用の捻出を図りながら、時間をかけて条件を満たす買主を探せるというメリットがある。

(5) 委託者が認知症等になった場合および相続が発生した場合に備えての建物の管理・保全等

次に、委託者が認知症等になった場合については、信託目的に沿って受託者が信託財産の運用・管理・処分をおこなえるという信託方式の効果が、まさに発揮できるケースである。従来、こうしたケースについては、成年後見人制度が利用されてきたが、この制度は、裁判所指定の監督官の下で「その人の財産を守り、保全する」ことが前提になっているため、預金の解約程度は可能であっても、老朽化した建物の大規模修繕等は認められないケースが多かった。また、所有不動産を売却することは、さらに困難で、金融資産を子や孫に生前贈与することも不可能であった。すなわち、成年後見人制度では、不動産の有効活用や相続対策などは事実上不可能であったといえる。これに対して、信託方式では、信託行為に定められた信託目的に沿うものであれば、不動産の有効活用や売却、相続対策なども可能になるのである。団塊世代が七五歳を迎える二〇二五年には、認知症が高齢者の五人に一人、約七〇〇万人にも上るという推計が出されるなかで、高齢者が所有する不動産の運用・管理・処分に関して、信託方式を利用するケースは今後、増大していくものと考えられる。

　こうした背景により、現在注目を集めているのが「家族信託」という仕組みである。財産をもつ方が、特定の目的（たとえば「自分の老後の生活・介護等に必要な資金の管理及び給付」等）に従って、その保有する不動産・預貯金等の資産を信頼できる家族に信託し、その管理・処分を任せる仕組みである。委託者は財産をもつ高齢者、受託者は委託者の家族、受益者は委託者本人というかたち（自益信託）が基本となる。

　これまで、高齢者の財産の管理や運用、さらには相続については、財産の所有者である本人が元気な間は、委託契約によって管理会社等に管理を委託し、認知症になったら成年後見制度に基づいて管理・保全し、相続が発生したら、遺言を執行するか、遺産分割協議に基づいて相続人に財産を分けるかたちが一般的であった。また、民法に基づく遺言では、一代までしか承継先を指定できず、その後の二次相続、三次相続では、誰にどのように引き継がせるかについては、本人が生きているうちに確定させることはできなかった。これに対して、家族信託を利用すれば、上記の委託契約、成年後見人制度、遺言執行・遺産分割協議の機能を一本化することができる。しかも、家族信託では成年後見制度の下では不可能だった資産の組み替えや有効活用など、多様で柔軟な対策を打つこともでき、さらに、

時期	家族信託	時期・本人の状態	従来の制度
この間に開始	家族信託	現時点 元気 問題意識低い	委任契約
財産管理が可能		意思能力喪失 認知症・病気等 問題の顕在化 対策は困難	成年後見人制度
遺言機能あり		相続開始 本人死亡 新たな対策不能	遺言執行 遺産分割協議
数次相続に本人意思を反映		2次相続～ 次世代が対応	数次相続

図２　家族信託と従来の制度の時系列での比較

二次相続、三次相続などの数次相続においても、本人の意思を反映させることができる。

建物の保存、利用継続について、この家族信託を活用するケースとしては、建物の所有者本人と相続人が共に、建物の保存、利用継続に関して意欲的である場合が想定される。こうしたケースでは、建物所有者の意思能力喪失に備えるだけでなく、建物およびその敷地の相続時の分割対策を含め、あらかじめ、建物の保存、利用の継続という信託目的を理解する相続人を受託者として信託契約を定めること（家族信託）により、信託目的に沿った建物の運用・管理・処分が期待できる。

なお、家族信託以外の信託方式（すなわち、受託者が委託者の親族以外の信託方式）でも、受託者が信託目的である建物の保存、利用継続についての経験やノウハウ、さらには相続や遺産分割等に関する知見やノウハウをもつ信用できる個人または組織である場合には、家族信託と同様の効果は期待できる。

⑹ 公益信託と目的信託

従来は、受益者の定めのない信託としては、公益信託だけが認められていたが、二〇〇七（平成一九）年九月から施行された新信託法では、公益信託以外の信託でも、受益者の定めのない信託が認められることとなり、これを目的信託という。

公益信託とは、委託者が一定の公益目的のために、受託者にその財産を移転し、受託者にその公益目的に従ってその財産を運用・管理・処分させ、その公益目的を実現させようとする仕組みである。公益信託は、受託者において主務官庁の許可を受けることを要し、主務官庁の監督を受ける必要がある。

公益信託は信託設定時に受益者が特定されていないため、受託者に対しては法人税課税がおこなわれることとなるが、公益信託の受託者は税法上の非営利法人に該当することとなる。公益信託を設定した委託者および公益信託に寄付をした個人は、寄付金控除を受けられ、相続または遺贈により取得した財産の金銭を支出した場合には、相続税は非課税となる。また、委託者が死亡したときの相続税も、特定公益信託の要件を満たす場合には、その信託に関する権利の価値はゼロとして取り扱われる。

前述のとおり、新信託法においては、公益信託以外の信託であっても、受益者の定めのない信託（目的信託）が認められることとなった。建築的あるいは文化的価値のある住宅とその敷地を、自分の死後も記念館等の用途で管理してもらうことを目的とした目的信託を設定できることになった。しかしながら、受益者が存在しない目的信託においては、受託者に対し、信託財産に係る所得について、その受託者の固有財産に関わる所得と区別して法人税を課税し、信託設定時には、受託者にその信託財産価額に相当する金額について受贈益課税されることとなっているため、受託者が非課税法人として認定されていない場合には、こうした税負担が生じることになる。

信託方式を用いた建物の保存・利用継続のメリットと課題

以上述べたように、建物の保存・利用継続について、信託方式を活用するメリットは多くあり、改めてそのメリットを整理すると次のようになる。

①建物の保存・利用継続の意思をもった建物所有者の状態の変化（意思能力の喪失、倒産等の財産状態の変化、相続発生等）にかかわらず、原則として建物の保存・利用継続を続けられること

②遺言の執行機能を併せもつため、相続時も、信託目的（建物の保存・利用継続）に同意する相続人を、受益権の相続人に指定できること

③数次相続に対応できるため、当初の委託者の信託目的（建物の保存・利用継続）に沿った信託財産の運用・管理・処分が将来にわたって期待できること

④建物の保存・利用継続の意思をもった建物所有者が委託者兼受益者となることで、委託者が当該建物、あるいは、当該建物とその敷地の売却を希望している場合には、信託財産（当該建物、あるいは当該建物およびその敷地）の管理運用を図りながら、当該建物の保存と利用の継続を前提とした信託財産の購入希望者をある程度時間をかけて募ることができること（受託者が自ら売主として、

信託目的を達成できるような買主を選定できること）

⑤建物の保存・利用継続の意思をもった建物所有者が委託者となり、建物の保存・利用継続を信託目的として、当該信託目的を達成しうるだけの知見やノウハウ、信用力を兼ね備えた法人を受託者とする公益信託を設定することができれば、委託者の信託設定当初の意思に基づく建物の保存・利用継続を最も確実に実行でき、かつ、委託者の設定時および死亡時の税負担の問題が解決しうること

一方、現行の法制度上、建物の保存・利用継続を目的として信託方式を適用する場合には、まだ多くの課題があると考えられ、その主なものを列挙すると次のとおりである。

①所有権（登記名義）の移転と登記

建物の保存・利用継続を目的として信託方式を活用する場合、当該建物、あるいは当該建物およびその敷地の所有権を、委託者から受託者に移転し、その旨の信託登記をおこなうことが不可欠である。しかしながら、保存対象なる建物の所有者の多くは高齢者であり、自らの所有権を第三者である受託者に移転し、それを登記することについては、大きな抵抗感があり、これを実行できないことが多い。この課題を解決する方法としては、委託者の相続人等の親族を受託者として、建物の保存・利用継続や、不動産の運用、管理、処分等に関するノウハウや実績のある法人が信託監督人等になり、受託者を補佐して、信託財産の運用、管理、処分等を円滑に進めることが考えられる。

②受託者の破たん懸念や能力不足

信託財産の独立性により、受託者が破たんしても、信託財産は受託者の固有財産と区別され、破たん財産には含まれない。しかしながら、民事信託においては、受託者の資力が必ずしも十分ではない場合が多いものと想定され、受託者の破たんにより、信託財産の円滑な運用、管理、処分に支障をきたす恐れは十分にある。また、受託者が信託法その他関連する法制度等について、十分な知見と経験を有しない場合もあり、法の定める受託者の義務を十分に果たせない恐れもある。こうした課題に対処するには、建物の保存・利用継続を目的とする信託を受託する受託者について、事前に十

分な信用調査をおこなうことや、その構成員等について、信託や不動産に関わる法制度や税制等についての十分な教育、研修をおこなっていくことが必要と考えられる。

③遺留分侵害となる信託行為

建物の保存・利用継続を目的とした信託においても、信託財産に関し、委託者の相続時の分配等についての指定が可能であり、民法における相続人の遺留分制度が問題となる。委託者が相続人の遺留分〔被相続人の兄弟姉妹以外の相続人に対して留保された相続財産の割合〕を侵害するような信託を設定した場合は、相続人から遺留分減殺請求権を行使される恐れがある。この対策としては、信託設定時点で、受託者からも遺留分侵害とならないように、十分な調査、確認をおこなっておくことが必要と考えられる。

④詐害信託の取り消し

債務者である委託者が、その債権者を害することを知りながら、債務履行または強制執行を免れるために信託を設定したような場合には、受託者が善意であっても、当該信託は債権者詐害信託となり、当該債権者は、訴えによって詐害信託行為の取り消しを請求できる。この対策としては、受託者として、委託者の債務の状況等をできるかぎり事前に把握しておくことが必要と考えられる。

⑤民事信託に関わる専門家の不足

上記の①〜④すべてに関わることとして、民事信託の知名度が低く、その専門家がきわめて少ないという実態がある。信託方式については、長らく商事信託が中心であり、信託銀行等には商事信託の専門家は多数いるものの、民事信託に関わる専門家は数少ないので、信託銀行等に民事信託の相談をおこなっても、具体的なアドバイスや知恵を得られる可能性は乏しい。この課題については、建物の保存・利用継続を目的とした信託制度のさらなる研究と専門家の育成を、建築士、弁護士、税理士、司法書士等の関連する専門家の団体の連携や、有志の組織により、粘り強く実施していくことが最も有効と考えられる。

⑥受託者の有償かつ継続反復での信託の引き受け

前述のように、建物の保存・利用継続を目的とした信託では、一般の商事信託に比べるとはるかに収益性が低いため、信託銀行等の免許をもった受託者が営業行為として受託することは、通常は困難である。このため、価値ある歴史的建造物等の保存・利用継続を支援することを目的とした一般社団法人やNPO法人等が引き受け手となる民事信託を利用することが考えられる。しかしながら、こうした団体が、有償で複数の建物の保存・利用継続を目的として信託を引き受けると、信託業法に違反する可能性が高く、この業法上の問題が大きな課題となる。しかしながら、上記の団体が商事信託の免許を得ることはハードルが高く、民事信託の枠内でこの課題を解決することが求められる。この場合、個々の保存・利用継続すべき建物ごとに所有者の親族を受託者とした家族信託を設定し、上記の団体は、信託監督人等の立場で、その信託を有償で支援する方法が考えられる。

⑦公益信託・目的信託の活用上の課題

　価値ある歴史的建造物等の保存・利用継続を目的とする信託においては、公益信託や目的信託のように、受益者が特定されない仕組みが一つの解決策になりうる。しかしながら、公益信託は、主務官庁の許可、監督を受ける必要があるなど、その設立や活動には大きな制約を伴う。また、目的信託を用いる場合には、信託設定時に、受託者にその信託財産価額に相当する金額について受贈益課税されることとなっているため、受託者が非課税法人として認定されていない場合には税負担が生じることになるほか、委託者も寄付金控除がおこなわれないため、譲渡益課税がおこなわれる可能性が高く、受託者が公益法人等の非課税法人であることが、実務上は必要となる。歴史的建造物等の保存・利用継続を目的とする信託を普及させるためには、こうした受託者の資格について、より現実的で柔軟なスキームが可能になることが、制度上の大きな課題と考えられる。

参考文献

(1) 井上聡・福田正之・水野大・長谷川紘之・若江悠『新しい信託30講』弘文堂、二〇〇七年
(2) 新井誠『信託法（第三版）』有斐閣、二〇〇八年
(3) 高橋康文『新しい信託業法』第一法規、二〇〇五年
(4) 寺本昌広『逐条解説新しい信託法』商事法務、二〇〇七年
(5) 今川嘉文「民事信託の活用に係る法的課題」『神戸学院法学』第四〇巻二号、二〇一〇年一一月

むすびにかえて
――なぜ古い住まいを受け継ぐのか

小林秀樹（千葉大学大学院教授）

本当に古い住まいを受け継ぎたいのだろうか？

「受け継がれる住まい」は、私にとって個人的にも関心が深いテーマであった。

私の両親はすでに他界し、新潟に築八〇年の空き家を相続した。別荘として維持するつもりであったが、不幸にも九年前に火災にあって一部を焼失した。そのとき、迷ったが建物を残すという決断をした。つまり、焼失した台所部分を切り落とす「減築」をおこなったのである（写真）。もちろん、取り壊すより費用がかかる。大工の話では、そんな酔狂なことをするのは、市内ではじめてとのことであった。

どのような気持ちで減築を選択したのだろうか。自問してみた。一つの理由は、生まれ育った家であり愛着があったこと。もう一つは、それなりに凝った座敷と仏間が難を免れたため、それを残したいと思ったことだ。しかし、そのような一般的な理由がすべてではない。長男として親戚の手前、壊すことはできないという「義務感」、そして住宅専門家として残すべきという「義務感」のようなものがあった。もし、私が建築を学んでいなかったら、おそらく火災を契機に取り壊していただろう。

そのような経験から、本書のテーマについて一つの疑問をもった。義務感がないならば、人々は「本当に

もとの外観（1933年建築、1956年改造）

減築後の外観（1/3 を切り落とす）

古い住まいを受け継ぎたい」と思っているのだろうかと。

古い住まいを否定した歴史

歴史を振り返ると、むしろ古い住まいを否定してきた動きが目立つ。大正から昭和初期の生活改善運動では、新しい中流階級の台頭を背景として、住まいの欧米化が目標とされた。つまり、古い住まいを否定したわけである。

それは戦後に受け継がれ、封建的な住まいを見直し、近代化を求める主張が共感を呼んだ。もちろん建築専門家の主張にとどまらない。「暗くて寒い古い家が嫌で仕方なかった。廊下と洋室がある近代的な家にあこがれた」という言葉は、ごく一般的な感覚であったろう。

一九七〇（昭和四五）年頃までは、古い住まいを否定して近代化を図ることが時代の流れとなった。それとともに、戦前に建てられた住まいの取り壊しは加速した。

早く記録を残さなければ残存民家がなくなる、という危機感から緊急調査が進められたのは一九七〇年前後からだ。しかし、それが「住まいを受け継ぐ力」になったかといえば、いささか心もとない。文化財として例外的に保存することが精いっぱいであった。

価値観の転換の時代に私は学んだ

そのような風潮を見直し、生活する場として古い住まいの良さを見直そうとする動きが顕在化するのは、一九七〇年代も後半に入ってからであったと思う。

住宅研究では、それまでの近代化一辺倒から、座敷の再評価、町家や長屋の仕組みの見直しなど、現代に受け継がれる良さへの関心が高まった。とりわけ、私が影響を受けたのは、かつて封建制の象徴として否定された「続き間座敷」が、現代の新築住宅で再生産され、それが人々に支持されているという現実であった。

私が住宅研究の道に入ったのは、そのような時代であった。無意識のうちに古い住まいや伝統文化を大切にする価値観が、心のなかに染み込んでいったように思う。

無意識の価値観では経済にたちうちできない

ところが、一九九〇年代半ばであったと思う。ある経済学者と話しているときに、あなたは古い住まいが大切だといわれるが、それはおかしいと言われた。「本当に古い住まいに価値があるならば、お金を出してそれを保持しようという人がいるはずだ。骨董品をみればよい。高値で取り引きされているではないか。しかるに、古い住まいが建て替えられて残らないのは、実は、誰もその価値を認めていないからではないのか」。

私は、返答に詰まった。古い住まいへの思いは、私にとって無意識の価値観であった。改めて指摘されると理屈に乏しい。あわてて文化財があると説明したが、それならば、ごく少数を民家園などで残せば済むことだと反論され、次の矢がでない。完敗であった。

経済学者への反論

もちろん現在は、いくつかの有効な反論ができる。まず、建て替えという事実をもって「古い住まいに誰も価値を認めていない」とすることの誤りについてだ。

理由は二つある。一つは、住まいは「建物と土地を切り離すことができない」ことに起因する。つまり、人々が古い建物に価値を認めても、建て替えによる土地利用の転換がもたらす利益を超えるほどの価値を認めることは難しいことが多い。とくに都市部ではそうだ。このため、その土地を利用するために取り壊される。もう一つは、維持管理の費用だ。雨風にさらされている建物を維持していくためには、それなりの費用がかかる。このため、やむをえず取り壊されることも多い。

以上の二つの理由により、人々は古い建物に一定の価値を認めたとしても、それを維持できず、やむをえず取り壊す。建物の保持は、骨董品とは異なるのである。

とはいえ、以上から「古い住まいに誰も価値を認めていない」ことの誤りは指摘できるとしても、それは消極的反論にすぎない。経済的理由により取り壊されるという事実を追認していることには変わりがないからだ。次に必要になるのは、積極的に生活のなかに残していくための理論である。

古い建物や住文化はハレとして受け継ぐ

その理論として、「ハレとケ」という民俗学の概念が有効と考えている。ハレとは、晴れ着のハレであり、特別のときという意味だ。一方のケは、日常、普段の生活という意味だ。

多くの人々は、「ケの場」である台所、風呂、居間などは、古さを評価しているわけではない。逆に、できるかぎり便利にしたい、合理的にしたいと思っている。その結果、レトロを好む人々であっても、古い民家の台所や風呂は最新の設備を導入する。それによって、日常生活のなかで民家の良さを受け継いでいるわけだ。

その一方で、「ハレの場」である座敷や茶室は、古い建物や様式が大切にされる。さらに、ハレのときに訪れる料亭や神社仏閣、さらに旅館なども同様だ。古さや伝統に人々は価値を認めているのである。つまり、古い建物、古い様式、古い住文化は、「ハレの場」として積極的に受け継がれる。私が新潟の実家を残そうと思ったのも、火災にあったのが台所を中心としたケの場であったからだ。座敷と仏間は焼失を免れ、それを残そうと思ったのである。

古い建物は象徴価値により取り引きされる

周知のように、欧米の都市では、建物の外観は昔のままとしつつ、室内を便利に改造して受け継いでいる。しかも、新築より高い価格で取り引きされることが少なくないという。このように建物本体や外観がもつ価値を説明するためには、市場での取引価値を説明できるもう一つの理論が必要になる。

そこで、モノがもつ四つの価値について説明しよう。これは二つの軸からなる（図）。一つは「用と美」の軸、そしてもう一つは「個人と社会」

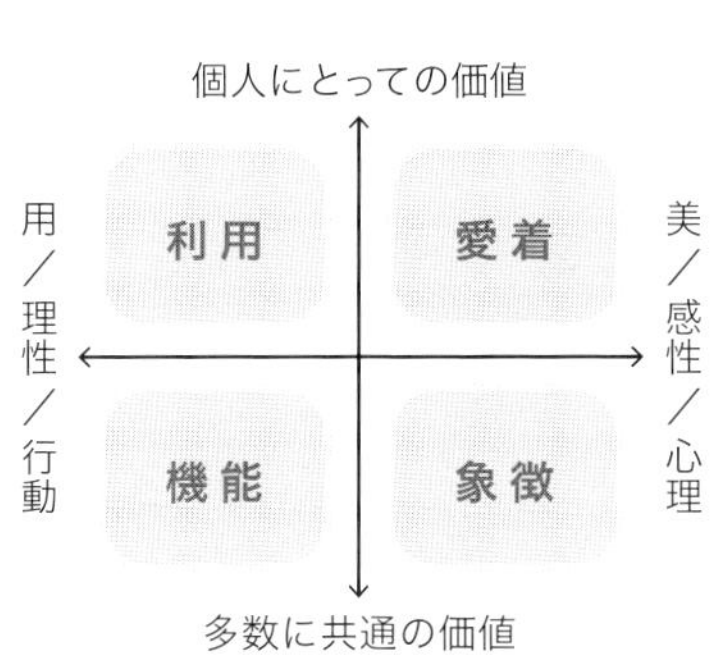

図　モノがもつ４つの価値

の軸だ。後者は、個人的な評価にとどまるか、それとも多数に認められ社会的な評価を得るかである。住まいの「愛着価値」とは、個人的な思い入れのことである。そこで生まれ育ち愛着があることが典型だ。その個人にとっては、取り壊したくない大切な建物になる。しかし、他人にとっては無価値となり、市場では評価されず簡単に取り壊されることになる。

しかし、その愛着が、地域の多数の人々、さらには社会の多くの人々に共通のものとなることがある。それが象徴価値だ。建物の外観やそれが集合した街並みは、その価値をもちやすい。それらは、多くの人々の記憶に刻み込まれ、それが社会的に評価される。象徴価値は、現代風の言葉でいえば、ブランド価値のことだ。これにより、愛着は「誇り」へと転化する。この段階に至ると、古い建物は、市場での取引対象になる。

欧米の古い建物は、そこに住むことが誇りとなるという。つまり、ブランド価値をもつ。そして、現在の日本でも、古い町家や長屋暮らし、そして昔の団地暮らしも、おしゃれな住み方として評価されつつある。というより、それがブランド価値をもつように努力される方々が登場している（本書の事例）。心強い取り組みだと敬意を表したい。

なぜ、古い住まいを大切にするのか

もし、あなたが「なぜ、古い住まいを大切にするのか」と聞かれたら、歴史を記憶する文化財としての意義のほかに、次のように答えることができるだろう。

古い建物、様式、住文化を大切にする理由は二つある。一つは、私たちはハレの場として伝統的な様式を受け継ぐことに価値を見いだし、それを大切にしているからだ。そして、もう一つは、古い建物は一人一人の愛着を超えて、社会的に評価される（象徴価値をもつ）可能性があるからだ。仮に現在、そのような評価を得られていないとしても、その可能性を見いだすことが専門家の仕事となり、それが新しい市場を生み出す。そして、市民の立場からは、そのことが地域の誇りにつながるからだ……と。

住まいを受け継ぎたい人々が気軽に受け継げる社会へ

本書で紹介された多くの事例は、古い住まいを受け継ぐことに向けた努力の結晶だ。そこには、学ぶべきヒントが数多くある。とはいえ、関係者の苦労は尽きない。その本心を代弁すれば、「古い住まいを大切にする人々が、それほど苦労せずに受け継げる社会を実現してほしい」ということだろう。

そのための課題の一つは、建物と土地は不可分であることに配慮した制度だ。たとえば、有形文化財として登録されると建物の固定資産税は軽減される。しかし、おかしなことに土地の固定資産税は軽減されない。あたかも空中に建物が浮いているようだ。本来ならば、土地についても軽減しなければ、建物は存続できない。

また、現在は、新築への補助や容積率緩和など、建て替えを有利にしている制度が多い。さらに、空き家活用において、最新の建築基準法に適合しないと用途転用できないというのも、古い住まいの存続を難しくしている。

古い建物を優遇できればよいが、そうでなくても、古い建物と新築を同等に扱う制度でよいのである。そのような制度づくりに地道に取り組むことが、古い住まいを気軽に受け継げる社会を実現するために必要である。

おわりに――再び個人的な話題

最後に、私の話に戻ろう。減築後九年間、別荘として維持してきた住まいは、悲劇にみまわれた。空き家に複数の猫が入り込んで住みつき、室内を荒らしたのだ。たかが猫ではない。その鋭い爪で壁や柱を傷だらけにし、貴重な欄間を破壊した。しかも、室内は糞尿だらけになった。私が愛した座敷と仏間を台無しにされたことのショックは大きい。

受け継ぐための制度づくりが意味をもつのは、あくまで古い住まいに受け継ぐ価値がある場合のことだ。火災の次は猫。私の実家は、個人にとっての愛着価値さえ失いつつある。どうすべきだろうか。もし取り壊しとなったら、住まいの「終活」を見据えた法事を執りおこなうことが課題になろうが、その後、先祖の肖像と仏壇はどうするのか。なかなか結論はでない。古い住まいを受け継いだ長男の悩みは尽きないのである。

謝辞

本書は歴史的建造物としての伝統的な住まいや生活文化が、経済的理由などから次々と失われる現状を危惧し、こうした伝統的生活や住まいを未来に継承していくことの意味や継承のための社会的システムの構築をめざし、一般財団法人住総研のなかに組織された研究会の成果をまとめたものです。委員会の設置にあたっては、千葉大学の小林秀樹氏、東京大学の祐成保志氏、大妻女子大学の松本暢子氏に委員になっていただき、三年にわたる研究会に熱心に参加していただきました。また、研究会においては、多くの方々をお招きし、興味深いお話をお聞きしました。そして、最後の三年目には委員会の研究成果のまとめとして三回のシンポジウムを開催しました。ここでも、多くの方々にパネラーをお願いし、いろいろお話しいただきました。お一人お一人お名前を挙げることはできませんが、ここに記して感謝の代わりとしたいと思います。また、委員会の活動においては、住総研専務理事の道江紳一氏はじめ事務局のみなさま、とくに委員会担当の岡崎愛子氏には大変お世話になりました。心よりお礼申し上げます。

住総研「受け継がれる住まい」調査研究委員会　委員長　**内田青蔵**

【な】

【は】

【ま】

【や】

【ら】

【わ】

[索引]

編者紹介

内田 青蔵（うちだ・せいぞう）

神奈川大学工学部建築学科教授。神奈川大学非文字資料センター長。1953年秋田県生まれ。1975年神奈川大学工学部建築学科卒業、1983年東京工業大学大学院理工学研究科建築学専攻博士課程満期退学。工学博士。2009年より現職。1994年日本建築学会奨励賞（論文）受賞、2004年日本生活学会今和次郎賞受賞。2012年日本生活文化史学会賞受賞。専門は日本近代住宅史。2011年より住総研研究運営委員会委員。主な著書に『お屋敷散歩』（河出書房新社、2011年）、『図説・近代日本住宅史　新版』（共著、鹿島出版会、2008年）、『「間取り」で楽しむ住宅読本』（光文社、2005年）、『同潤会に学べ』（王国社、2004年）、『日本の近代住宅』（鹿島出版会、1992年）など。

小林 秀樹（こばやし・ひでき）

千葉大学大学院工学研究科建築・都市科学専攻教授。1954年新潟県生まれ。1977年東京大学工学部建築学科卒業。1985年和設計事務所を経て、東京大学大学院工学研究科建築学専攻博士課程修了。1987年建設省建築研究所入所。2002年千葉大学工学部都市環境システム学科助教授。2003年千葉大学工学部都市環境システム学科教授。2007年より現職。主な著書に『居場所としての住まい』（新曜社、2013年）、『居住環境整備論』（共著、放送大学教育振興会、2012年）、『スケルトン定借の理論と実践』（共著、学芸出版社、2000年）、『新・集合住宅の時代』（日本放送出版協会、1997年）、『集住のなわばり学』（彰国社、1992年）など。

祐成 保志（すけなり・やすし）

東京大学大学院人文社会系研究科准教授。1974年大阪府生まれ。東京大学文学部卒業。東京大学大学院人文社会系研究科博士課程修了。博士（社会学）。札幌学院大学社会情報学部助教授、信州大学人文学部准教授を経て、2012年より現職。研究分野は文化社会学、都市・地域社会学、社会調査史。主な著書に『〈住宅〉の歴史社会学』（新曜社、2008年）、『福祉社会の価値意識』（共著、東京大学出版会、2006年）、『文化の社会学』（共著、有斐閣、2007年）など。訳書に『ハウジングと福祉国家』（新曜社、2014年）。

松本 暢子（まつもと・のぶこ）

大妻女子大学社会情報学部社会情報学科教授。日本女子大学家政学部住居学科卒業。東京都立大学大学院工学研究科建築学専攻博士課程修了。東京都立立川短期大学講師、和洋女子大学講師を経て、1992年より大妻女子大学社会情報学部専任講師。大妻女子大学社会情報学部助教授を経て、2004年より現職。主な著書に『格差社会の居住貧困（住宅白書2009-2010）』（共著、ドメス出版、2009年）、『まちづくりキーワード事典　第3版』（共著、学芸出版社、2009年）、『住まいの100年』（共著、ドメス出版、2002年）、『まちづくりの科学』（共著、鹿島出版会、1999年）など。

【一般財団法人 住総研について】

故清水康雄(当時清水建設社長)の発起により、1948(昭和23)年に東京都の認可を受け「財団法人新住宅普及会」として設立された。設立当時の、著しい住宅不足が重大な社会問題となっていたことを憂慮し、当時の寄附行為の目的には「住宅建設の総合的研究及びその成果の実践により窮迫せる現下の住宅問題の解決に資する」と定めていた。その後、住宅数が所帯数を上回りはじめた1972(昭和47)年に研究活動に軸足を置き、その活動が本格化した1988(昭和63)年に「財団法人住宅総合研究財団」に名称を変更、さらに2011(平成23)年7月1日には、公益法人改革のもとで、「一般財団法人 住総研」として新たに内閣府より移行が認可され、現在に至る。一貫して「住まいに関わる研究並びに実践を通して得た成果を広く社会に公開普及することで住生活の向上に資する」ことを目的に活動をしている。

住総研「受け継がれる住まい」調査研究委員会(2013年～2015年)

委員長　内田青蔵(神奈川大学教授)

委　員　小林秀樹(千葉大学大学院教授)
祐成保志(東京大学大学院准教授)
松本暢子(大妻女子大学教授)

事務局　一般財団法人 住総研
道江紳一、上林一英、馬場弘一郎、清水祐子、岡崎愛子

《住総研住まい読本》

受《う》け継《つ》がれる住《す》まい――住居《じゅうきょ》の保存《ほぞん》と再生法《さいせいほう》

2016年9月30日　第1刷発行

編著者　住総研「受け継がれる住まい」調査研究委員会

発行者　富澤凡子

発行所　柏書房株式会社
東京都文京区本郷2-15-13(〒113-0033)
電話　(03)3830-1891[営業]
(03)3830-1894[編集]

装　丁　鈴木正道
組　版　有限会社クリエイト・ジェイ
印　刷　壮光舎印刷株式会社
製　本　株式会社ブックアート

ISBN978-4-7601-4742-7